HÜSCH – EIN PORTRAIT

HÜSCH

Warum gehst du?
Es könnte doch alles so bleiben.

Das habe ich auch schon oft gedacht
Es kann aber nicht alles so bleiben
Und es geht immer anders weiter
Es sind immer neue Geschichten unterwegs

Warum gehst du?

Ich bin in dieser Stadt schon tausendmal angekommen
Und habe sie schon tausendmal verlassen
Also laß mich in Ruhe

Warum gehst du?
Es könnte doch alles so bleiben.

Das habe ich auch schon oft gedacht
Es kann aber nicht alles so bleiben
Und es geht immer anders weiter
Es sind immer neue Geschichten unterwegs

Warum gehst du?

Ich bin in dieser Stadt schon tausendmal angekommen
Und habe sie schon tausendmal verlassen
Also laß mich in Ruhe

UND FORDERE MICH NOCHMAL ZUM TANZ

EIN LITERARISCH-FOTOGRAFISCHES PORTRAIT

VON STEFANIE MITTENZWEI UND BERND WEISBROD

VERLAG HERMANN SCHMIDT MAINZ 1989

ZU DIESEM BUCH

Was heißt es schon, jung zu sein.
Wer es ist, muß sich keine Gedanken machen.
Das Nachdenken über Jugend, Alter, Tod setzt später ein und läßt manchen dann hoffnungslos werden.
Oder auch nicht – wie Hanns Dieter Hüsch.
Er war jung als es nichts zu beißen und nur wenig zu lesen gab.
1925 in Moers am Niederrhein geboren, kommt er aus Zufall nach Mainz. Zuerst hat er ein kleines Zimmer im Vorort, dann lernt er seine spätere Frau Marianne kennen, und die beiden suchen sich ihre erste Wohnung.
In seiner »Frieda-Geschichte« hat er diese Zeit beschrieben. Auch festgehalten, daß es schon damals, kurz nach dem Krieg, für junge Leute nicht leicht war, ein Dach über den Kopf zu bekommen. »Frieda«, das ist auch Marianne, aber zuerst eine Kunstfigur, wie Hüsch sich einige erschaffen hat. Hagenbuch ist eine andere.

Frieda 8

Hagenbuch 67

Begleitet haben den Kabarettisten diese Gegenfiguren über 40 Jahre lang.
Die ersten 15 dieser Jahre beschreibt Stefanie Mittenzwei. Sie hat in alten Texten geblättert, vergilbte Zeitungsausschnitte wieder gelesen und dicke Ordner, in denen das Bühnenleben von Hanns Dieter Hüsch abgeheftet ist, im Deutschen Kabarettarchiv studiert.
Die Anfänge des Hanns Dieter provozieren die Frage: Wieso kam es, wie es kommen mußte?
Da ist der Student im langen Mantel und der schmale Dichter, der nicht Verse für Bücher schreibt, sondern für die Brettlbühne. Der Zufall und Mainz haben ihren Anteil daran. Hier trifft er Gleichgesinnte. Studenten wie er, die sich für Literatur und Theater begeistern und auch andere an ihren Entdeckungen teilhaben lassen wollen.
Zuerst gründen sie ein Zimmertheater, spielen dort die neuen Stücke und holen die verbrannten Dichter aus der Vergessenheit zurück. So gewinnen sie ihr erstes Publikum in Mainz.
Viel später hat Hüsch der Stadt eine »Liebeserklärung« geschrieben, in den ersten Jahren mag diese Neigung entstanden sein. Sie hat ihn aufgenommen, und er erweist seinen Dank dadurch, daß er dabei ist, als Mainz zum »Widerstandsnest gegen die Trägheit des Herzens« wird.
In der Provinz und nicht etwa in einer der schnell wachsenden Großstädte macht er mit Freunden bald nicht nur Theater, sondern auch Kabarett.
Und als die Zuschauer immer zahlreicher werden, gründen sie die »Arche Nova«, die bis 1962 dem Wind standhält.
Das Ensemble und Hanns Dieter Hüsch fallen auf – auch jenseits lokaler und regionaler Grenzen.
Hüsch erfährt, was es heißt, Kabarettist zu sein: Abreisen, ankommen, auftreten, heimkehren, abreisen. Das ganze Leben wird ihn dieser Rhythmus begleiten.

Kabarett der frühen Jahre 18

Ach wie lieb ich diese Stadt 26

Aber er ist nicht allein in den frühen Jahren des Kabaretts. Einer der Freunde ist Rudolf Jürgen Bartsch.
Als Hanns Dieter Hüsch die Carl-Zuckmayer-Medaille erhielt (übrigens seiner erste literarische Auszeichnung – viele andere besitzt er, und den Deutschen Kleinkunstpreis hat er gleich zweimal erhalten) hielt Bartsch die Laudatio. Eine persönliche Lobrede auf einen Freund und einen Dichter.
Ein Fäßchen Wein gab es als Dreingabe. Hüsch, der Biertrinker, hat es in den Kofferraum gepackt. Immer unterwegs und auch deshalb nicht alt.

Hüsch war immer dabei   30

Obwohl er mit der Seele eines Hundertjährigen und dem Herzen eines Knaben immer noch durch die Städte rasen möchte, wie er in seinen Versen über »Das Alter« schreibt, ignoriert er die Zeichen der Zeit nicht. Hüsch setzt ihnen Hoffnung entgegen. Seine Antwort auf die Rede des Freundes lautet »Ich bin voller Zuversicht« und ist damit Bekenntnis eines Menschen, der Resignation nicht gelten läßt.

Das Alter   38

Ich bin voller Zuversicht   44

Das ist leichter gesagt als getan. Hüsch aber lebt seine Überzeugung.
Mit 63 Jahren hat er sich für eine »neue Geschichte«, ein »zweites Leben« entschieden. Im letzten Jahr hat Hanns Dieter Hüsch nach 42 Jahren seine Mainzer Wahlheimat für immer verlassen. Nach dem Tod seiner Frau zog er aus dem Reihenhaus im bäuerlichen Vorort aus, verkaufte es schließlich.
Das Zweite Deutsche Fernsehen schenkte dem Kabarettisten zum Abschied einen Film, für den Hüsch den größten Teil der hier abgedruckten Passagen geschrieben hat.
Stefanie Mittenzwei war bei den Dreharbeiten als Zuschauerin dabei, und sie schildert, was sie sah und wie sie Hanns Dieter Hüsch erlebte – den fahrenden Künstler zwischen Mainz und dem neuen Wohnsitz Köln, der dort Station macht, wo immer ein Auftritt auf ihn wartet.

Es sind immer neue Geschichten unterwegs   58

Während der Filmaufnahmen sind auch die Fotos in diesem Band entstanden. Der Fotograf Bernd Weisbrod hat sie überall in Mainz aufgenommen und sie zeigen Hüsch einmal anders, eben nicht hinter der Orgel und im Bühnenlicht. Die Auftrittsbilder wurden beim Mainzer Open Ohr Festival '89 fotografiert – erste Rückkehr Hüschs in die vertraute Stadt.
Die neuen, aber auch die historischen Foto-Portraits im ersten Teil des Buches veranschaulichen, daß Hüsch auch in der eigenen Person Verinnerlichtes mit Äußerem zu verknüpfen weiß. »Ich habe zu meinem Leben auch meine Posen gebraucht«, hat er einmal festgestellt.
Die Wandlungen mit einmal langen, einmal kurzen Haaren, mit runder und mit eckiger Brille, legen davon Zeugnis ab. Hippie und Bürger, beide hat Hüsch verkörpert.
Und heute? Er könnte ein Philosoph sein, der den Narrenspiegel fest in seinen Händen hält. Oder ein ganz anderer.

Mainz, im Oktober 1989

Nah der Brunnen, Wasser plätschert …
Hüsch kommt vorbei, besieht sich den Brunnen,
geht über den Platz, dabei hört man

> Eines schönen Tages
> Als die Frieda mich und ich die Frieda nahm
> Machten wir uns auf den Weg um eine Wohnung zu finden
> In Mainz
> Und das war gar nicht so einfach
> Streckenweise gingen wir von Haus zu Haus
> Klingelten klopften und fragten ob wir gefragt wären
> Und ob das Dach wohl wasserdicht wäre
> Die meisten Dächer waren es nicht und die anderen Leute
> Waren für uns zu vornehm oder zu dumm
> Wir wären sogar auf einen Speicher gezogen
> Denn das Wasser stand uns bis zum Halse

Er verschwindet in einem Hauseingang.

Und kommt sofort wieder aus der Tür eines
anderen Hauses heraus:

> Siehst du sagte ich zur Frieda
> Du hattest bei der Trauung keinen weißen Schleier
> Dafür bekommen wir jetzt kein Zimmer
> Der liebe Gott ist unbestechlich
> Aus der Traum
> Wir werden schon noch eins bekommen sagte die Frieda
> Es gibt immer noch Menschen die ihre ganze Miete
>   nicht allein bezahlen können

Hüsch geht davon.
Evtl. Schwenk nach unten:
Füße gehen aus dem Bild.

> Und so standen wir eines Morgens
> Mit unserem Leiterwägelchen
> Vor einem riesigen Haus
> Das wie eine Kaserne aussah

Von oben
Schwenk über die Dächer der alten Wohnhäuser,
dazu hört man Hüsch:

> Hier möchte ich nicht geboren werden sagte ich
> Aber wir hatten keine Wahl
> Und die Frieda war darin gottseidank anders
> Sie guckte sich rasch die Namen neben den Klingelknöpfen an
> Zählte kurz ab
> Verliebt verlobt verheiratet geschieden
> Und drückte dann auf einen der vielen Knöpfe
> Wir hatten damals noch keine grauen Haare
> Aber wir hörten sie kommen

Schwenk über Balkone und Dächer,
Hüsch kommt im Vordergrund in den Anschnitt:

> Die Tür öffnete sich
> Und wir stammelten zum letztenmal unsere Frage
> Denn wir hatten zum erstenmal Glück
> Das war in Weisenau
> Wir bekamen ein Dach über den Kopf und Boden unter den Füßen
> Und vier Wände für unsere Gedanken
> Das war wichtig
> Denn wo soll man seine Gedanken hinlegen
> Wenn man nicht weiß wohin mit dem Kopf

Wir schrubbten zunächst den Holzfußboden vierhändig ab
Es wurde zwar kein spiegelblankes Parkett
Aber wir sparten den Teppich
Ich sammelte Plakate Reklamefetzen und Titelbilder
Aus Kunst Wissenschaft und Politik
Und machte daraus an einer Wand einen Tapetenersatz
Aber nach einer Woche riß ich die ganze Montage wieder runter
Was soll mir dieser spätromantische Zirkus
Stattsehen macht hungrig
Sattessen sagte die Frieda
Können wir uns immer noch
Und wenn wir mal so weit sind dann kaufen wir uns eine
Richtige Wohnung
Und vielleicht auch ein Kind sagte ich
Ich hätte die Plakate hängen lassen sagte die Frieda
Jedermann der hier hereinkommt hätte dann sofort gewußt
Daß du ein Künstler bist

Bilder von spielenden Kindern über den Schluß.

Hüsch sitzt am Haupteingang,
Studenten kommen vorbei.
Hüsch liest, dazwischen immer wieder
Schnittbilder von Studenten, die streiten,
spielen usw., Gruppen, Paare usw.

>Ich will aber keiner sein sagte ich
>Ich brauche auch keinen Schreibtisch
>Ich schreibe im Stehen
>Hat Goethe auch gemacht
>Ja Goethe sagte die Frieda
>Das war ja auch ein Olympier und Geheimrat
>Der wußte was er wollte
>Ich wollte ich könnte das was ich wüßte verkaufen
>Dann könnten wir uns einen Gasherd auf Stottern leisten
>Gottseidank haben wir ein Einmachglas sagte die Frieda
>Hat meine Mutter über den Krieg gerettet
>Da können wir eine Blume reintun
>Damit wir merken daß Sonntag ist
>Oder wenn wir uns auf den Sommer freuen
>Wenn wir mal so weit sind sagte ich
>Können wir uns bestimmt eine richtige Vase kaufen
>Unser Zimmer hatte zwei große Fenster
>Wenn man durch sie hindurchguckte oder sie öffnete
>Konnte man direkt den Rhein sehen
>Jede Menge Wasser

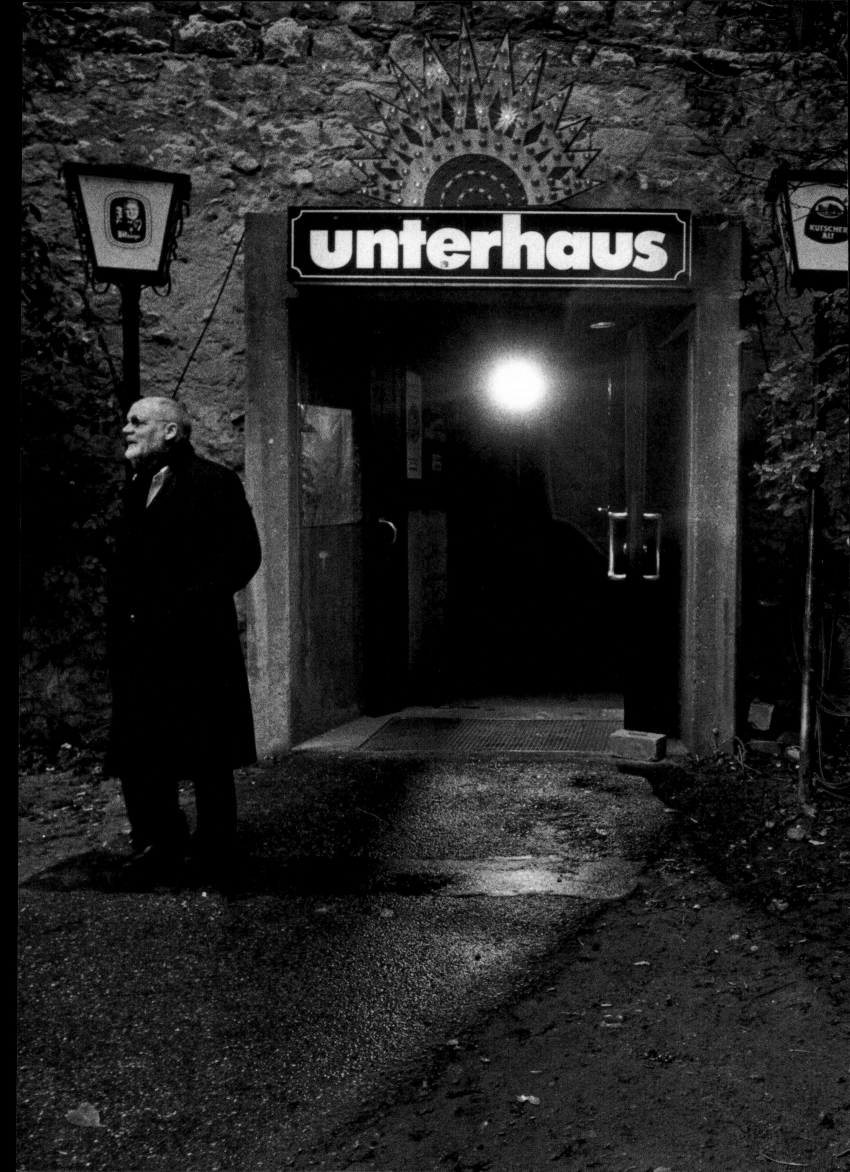

Wer bist du eigentlich?

Ich bin jedenfalls nicht immer der
Für den mich viele halten
Ich stecke voller Erinnerungen
So dicht so eng so tief
Daß ich oft kaum atmen kann
Das meiste muß ich dann vernichten

Wie macht man das?

Mit Blödsinn Unsinn Spaß Unterhaltung Ironie und so weiter
Du kennst das ja

Wer bist du eigentlich?

Ich bin jedenfalls nicht immer der
Für den mich viele halten
Ich stecke voller Erinnerungen
So dicht so eng so tief
Daß ich oft kaum atmen kann
Das meiste muß ich dann vernichten

Wie macht man das?

Mit Blödsinn Unsinn Spaß Unterhaltung Ironie und so weiter
Du kennst das ja

KABARETT DER FRÜHEN JAHRE
WIE HANNS DIETER HÜSCH ZU DEM WURDE, WAS ER IST – DIE ANFÄNGE IN MAINZ

»Kabarett ist kein Hobby, sondern eine Infektion, eine Krankheit. Eine Sache, die einem in die Wiege gelegt worden ist.«
(Hanns Dieter Hüsch)

Natürlich wollte auch Hanns Dieter Hüsch das, was sich früher alle Jungen vorstellten: Lokomotivführer werden. Und, ein wenig älter geworden, den Mount Everest besteigen. Aber ebenso natürlich kam dann alles ganz anders.

»Das hat sich mit der Zeit gelegt«, umschreibt er heute den allmählichen Untergang seiner Jungenträume und berichtet von kleinbürgerlichen Küchen, wo er bei Tanten, Großeltern und Verwandten herumsaß, um das einzig Wichtige für seinen späteren, den eigentlichen Beruf zu tun: Zuhören und Hinschauen, um nichts zu vergessen. Er zehre davon noch heute, sagt Hüsch, der Kabarettist, und schildert ein Stück seines Weges dorthin.

Um Kabarettist zu werden, müsse man nur am Niederrhein geboren werden. Zwischen schwarzweißen Kühen aufwachsen. In eine kleinstädtische Kinderverwahrschule gehen. Die obligaten Lodenmäntel der Volksschullehrer nicht vergessen. Auch eine hübsche Einzelheit auf dem Weg zur Brettlbühne: »Bei silbernen Hochzeiten unter dem Tisch sitzen und die Gespräche schön im Ohr bündeln und behalten.« Kopfschüttelnden Tanten spielt er auf dem Dekorationsklavier Jazz vor, und während die Onkel »Das Reich« lesen, hält er Krieg für Mord und bekommt die ganze Sippe gegen sich.

Erzählen, wie das Leben ist, will er. Und das kann nur derjenige, der es gespürt hat – mal weich, mal schmerzvoll.

Für Hanns Dieter Hüsch beginnt es mit Schmerzen: Am 6. Mai 1925 kommt er in Moers mit zwei verdrehten Füßen zur Welt. Sofort wird er operiert und dann immer wieder. Wochen und Monate muß er im Gips aushalten. Die germanisch-katholische Operationsschwester, die den fünfjährigen Jungen an die Hand nimmt, um ihn auf Strümpfen ins Reich der Narkosen und Gipsscheren zu führen, hat er ebensowenig vergessen wie den Umstand, daß er schon in so frühem Alter Theatralik nötig hatte, um Natur und Gesellschaft zu überwinden. Als kleiner Kerl will er sich nicht abfinden, setzt dem Schicksal Widerstandskraft und seine Wandlungsfähigkeit, die immer neuen Posen, entgegen.

Der Heranwachsende lebt anders als seine Freunde, denen er weniger ein Spielgefährte auf dem Fußballplatz sein kann als ihr Beobachter. Und ihr Clown. Den ersten Beifall erhält Hüsch von ihnen, und der macht ihn glücklich. Zu Hause, in der Verbannung der Sofaecke, hat er viel Zeit zum Nachdenken, zum Träumen. Der Heranwachsende will Opernregisseur werden.

Als dann der Krieg endlich vorbei ist, in den er seiner wunden Beine wegen gottlob nicht ziehen mußte, gibt der Abiturient zunächst dem dringlichen Wunsch seiner Mutter nach, die

1951 gibt Hüsch bei den »Uni-Rhythmikern« den Takt an.

starb, als er zehn Jahre alt war, Hüsch geht nach Gießen und studiert Medizin. Die Mühe dauert nur ein Semester. Der angehende Arzt stellt fest, daß er keiner ist, sondern etwas ganz anderes: »Ich bin kein Naturwissenschaftler«, entdeckt er. »Ich bin ein musischer Mensch. Ich bin ein lyrischer Mensch.«

»DER ZUFALL MAINZ«

Hanns Dieter Hüsch ist 21 Jahre alt, als er nach Mainz kommt, in eine zerstörte Stadt. Oben auf dem Hügel, weit vom Zentrum, haben die Franzosen in einer ehemaligen Flakkaserne eine Universität neu eingerichtet – Erinnerung an eine alte, längst untergegangene Mainzer Universität. Ein neuer Anfang, in den Hüsch ganz zufällig hineingerät, und er gibt viel auf Zufälle im Leben: »Zufall ist Schicksal«, sagt er. »Ich bin 1946 los, um in Köln oder Bonn zu studieren, aber da war alles voll«, erzählt er und weiter:

Die »Tolleranten« mit »Zueignung« 1949: Bartsch und Hüsch (von links).

»Also wollte ich, ohne traurig zu sein, alles lassen. Freunde erzählten von Mainz, daß da eine Uni eröffnet werde und sie sagten: Komm doch mit.«

Der »Zufall Mainz« trifft nicht allein Hüsch. An den bekannten Hochschulen herrscht ein rigider Numerus clausus. Die neue Mainzer Fakultät behandelt die obligaten Fragebögen nicht ganz so pingelig wie die alten Universitäten, in diesem Winter 1946/47, als in der Mainzer Augustinerstraße ein Zweipfundbrot 80 Reichsmark oder 120 Lucky Strike kostete. Studenten kommen in die darbende, ungastliche Stadt, weil es hier nicht so schwer ist wie in Hamburg, Köln oder Frankfurt, einen Studienplatz zu ergattern.

Hüsch wird immatrikuliert. 1200 Studenten studieren im ersten Semester, und er hat die Fächer Theaterwissenschaft und Literaturgeschichte belegt. Nach der Kindheit am Niederrhein erlebt Hanns Dieter Hüsch in Mainz seine »zweite Schlüsselzeit«. 42 Jahre, bis 1988, wird die Stadt ihm Heimat sein.

Hüsch ist kein Student, denn er besucht weder Vorlesungen noch Seminare. Nicht aus Faulheit, sondern aus Schüchternheit. Die Studienanfänger haben nach diesem heillosen Krieg nichts, von dem sie zehren können, weder geistig noch materiell. Nicht einmal etwas Ziviles zum Anziehen besitzen die meisten von ihnen und tragen in diesem Winter die grauen und blauen Waffenröcke der ehemaligen Wehrmacht. Hüsch nennt einen sehr langen beigen Mantel und einen schwarzen Schlapphut sein eigen – auf Kriegsbezugschein gekauft. Seine eigenwillige Erscheinung von damals bereitet ihm bis heute Genuß: »Ich war eine sehr skurrile Figur und ging immer hart am Rand der Verwahrlosung vorbei.«

Der Student ohne akademische Ambitionen wohnt im dörflichen Vorort Bretzenheim. Am Fenster seines Zimmers wachsen Eisblumen. »Ich schlief bis morgens um 11 Uhr, es waren russische Zustände. Dostojewskische Zustände«, kommentiert er ein Studentenleben, das mit fast nichts auskommen mußte. Verloren fühlt er sich, und er hat Sorge, was man zu Hause sagen würde.

Tätig wird er erst daheim, am Niederrhein – in den Semesterferien. Am Klavier entstehen erste kleine Lieder. Zurück in Mainz läßt er sie hören: In der Cafeteria, wo sich zur Mittagspause die heimatlose Linke trifft. Ein Zuhörer fällt auf, weil er immer und überall eine Khakibluse trägt, die noch aus dem amerikanischen Camp stammt und hinten mit den Buchstaben »PW« (Prisoner of War) gekennzeichnet ist. Er heißt Elmar Tophoven und wird sich viel später mit seinen Übersetzungen von moderner französischer Literatur ins Deutsche einen Namen machen. In diesen Tagen hat er ganz anderes im Sinn: Er sucht Leute, die mitmachen wollen bei einer politisch-literarischen Revue.

»DIE BÜHNE HAT IHN«

In den Fastnachtstagen des Jahres 1947 setzt Tophoven seine Idee um: In der Aula der Universität führen sechs Studenten die Revue »Regiefehler« auf. Später nennen sie sich »Die Tolleranten« und schreiben »Tol(l)eranten« einmal mit, einmal ohne Klammer, was ans »Kom(m)ödchen erinnert und auch an das Vorbild erinnern soll. Im folgenden Wintersemester hat »Der B(r)ettlstudent« Premiere. Hanns Dieter Hüsch ist jetzt dabei, die Bühne hat ihn.

In diesem Ensemble mitzuwirken, zu schreiben und zu spielen, bildet seine Basis als Kabarettist: »Das hat mir Grund und Boden gegeben«, stellt Hanns Dieter Hüsch viel später fest. Und er kann deshalb auch, wie er selbstironisch vermerkt, »den kleinbürgerlichen Außenseiterkomplex des Provinzkindes« ablegen.

Absprung vom Studium und Einstieg in die kleine Praxis eines Bühnenkünstlers ist die

»Der Scheck heiligt die Mittel« hieß das vierte Programm der »Arche nova« von 1957.
Dabei (von links): Hanns Dieter Hüsch, Heinz Brass, Helga Mummert, Agnes Verena, Rudolf Jürgen Bartsch.

Einladung zum legendären Weihnachtskabarett.

logische Konsequenz. Im Musiksaal der Universität finden erste Soloabende mit Hüsch statt. Bei Fastnachtsfesten beträgt der Eintritt 50 Pfennig, mit einem 30-Minuten-Auftritt sind 15 bis 20 Mark zu verdienen.

Technik und Ausstattung sind einfach, und wenn »Die Tolleranten« in der großen und akustisch unvollkommenen Aula verstanden werden wollen, müssen sie sich um das einzige Mikrophon drängen.

Leisere Töne sind erst möglich nach dem Umzug in den kleinen Musiksaal in einem Seitenflügel der Universität. Hier finden die jungen Kabarettisten ihren Kammerton, den sie in den beiden folgenden Jahren 1949 und 1950 halten. Die Kritik mag ihre sehr junge, direkte Art – und die weit über Niveau liegenden Pointen.

Worum geht es den »Tolleranten«? Sie beschreiben sich selbst, auf der Suche nach Identität. Denn um sie herum ist noch geistige Leere. Und sie beobachten genau. In einer ersten Auftragsarbeit liefert Hüsch das Charakterbild der Studentin von 1949. Mit Skepsis begegnet er ihrem vor-emanzipatorischen »entfesselten Typ«, der als »Männerersatz« gerade gefragt ist, aber er sieht auch ihre Angst vor der neuen Rolle.

Wenig interessiert ihn und seine Mitspieler vergangene und gegenwärtige Politik. »Sie wollen herausbekommen,/wie es kam,/daß es so gekommen ist, und wie es kommen könnte,/ wenn man nicht herausbekommt,/wie es kam,/daß es so gekommen ist«: Noch bevor Nachkriegsgeschichte aufgeschrieben ist, sagt diese Jugend bereits nein zu einer Geschichtsbetrachtung, aus der noch keiner etwas gelernt hat.

»Die Tolleranten« schreiben ihre Texte selbst – auch aus praktischem Grund: Zeitgemäßes gibt es nicht. Die verbrannten Bücher werden erst langsam neu aufgelegt, die ausländischen sind noch nicht übersetzt. Sobald es möglich ist, verschlingt Hüsch Steinbecks »Straße der Ölsardinen« und »Das siebte Kreuz« der späteren Mainzer Ehrenbürgerin Anna Seghers. Das Kabarett ist nicht alles für diese Studenten, weil sie nicht nur sich, sondern auch das kennenlernen wollen, was Nazi-Deutschland ihnen vorenthalten hatte.

Im Herbst 1950 gründet Rudolph Jürgen Bartsch zusammen mit Hüsch und weiteren Freunden die »Mainzer Zimmerspiele«. Gleich zwei Uraufführungen gibt es im Abstand von 14 Tagen zu sehen: Kafkas »Gruftwächter« und Walter Bauers »Grenze«. Hüsch entdeckt auf dieser Bühne sein komödiantisches Talent: »Ich spielte alte Männer und dämonische Leute.« Der Spielplan bis 1959 ist Zeugnis einer neugierigen Generation, die jahrelang abgeschnitten von der Gedankenwelt ihrer freien Nachbarn leben mußte.

Cocteau und Dürrenmatt, Wilder und Sternberg werden vor Mainzer Bürgern aufgeführt – und von diesen begeistert aufgenommen. Rudolf Jürgen Bartsch, lebenslanger Freund Hüschs, leitet die kleine

Das 25. Programm feierte am 9. Dezember 1980 im unterhaus Premiere.

Hüsch begleitet am Reißnagelklavier 1957 »Das kritische Oratorium«.

Bühne und gewinnt einst verfemte Autoren wie Curt Goetz für das Publikum zurück. Neben den Theaterabenden gibt es Lesungen und Rezitationsabende: Tucholsky, Ringelnatz, Karl Kraus und viele andere werden vorgestellt.

»WEIHNACHTSMÄNNER MACHEN GESCHICHTE-N«

»Wir versuchten, das Blickfeld zu weiten, Horizonte durchlässig zu machen, Toleranzgrenzen zu öffnen und die beginnende Restauration ein bißchen aufzuhellen«, beschreibt Bartsch das gemeinsame Ziel aller Unternehmungen, die sich einem neu formulierten Pazifismus verpflichtet fühlen.

Subventionen gibt es dafür fast keine: Das Land Rheinland-Pfalz spendiert eine Jahresgabe von 500 DM, diese aber wird nach einem von Bartsch und Hüsch veranstalteten Heine-Abend gestrichen. Die »Zimmerspiele« haben von Anfang an ihr Publikum im Herzen der Stadt, im »Haus am Dom«. 1953 ziehen auch die »Tolleranten« vom Universitätscampus hinunter ins Zentrum und erfinden sich ein Weihnachtskabarett, das ganz Mainz auf die Beine bringt: Bis 1960 heißt es alle Jahre wieder »Weihnachtsmänner machen Geschichte-n«. Hüsch erinnert sich: »Das war *das* Kabarettereignis in Mainz. Ab dem Nikolaustag haben wir vier Wochen lang gespielt, und immer war ausverkauft.« Eintrittskarten werden oft als Weihnachtsgeschenke unter den Christbaum gelegt.

Für das »gute, einzig wahre Überbrettl« wird die junge Kabarett-Truppe gehalten, und Stolz kommt in Mainz auf, daß nicht nur Berlin seine »Insulaner« hat, sondern auch die Mainzer ihre »Tolleranten«. In einer Zeitung steht zu lesen: »Mainz kann von Glück sagen, in Hanns Dieter Hüsch einen so vorzüglichen Kabarettisten zu haben«, schreibt ein Mainzer Kritiker. Werner Klippert hält in der Abendpost fest: »Hanns Dieter Hüsch ist ein Privatier der Bretter, der radikal zu sich selbst steht, aber jedem die Freiheit läßt, das gleiche zu tun.«

»Eine sehr schöne, eine wichtige Zeit«, nennt er selbst diese satirischen Adventsstunden, und bei einer Ansprache anläßlich seines 30jährigen Bühnenjubiläums dankt er den Freunden dieser Zeit dafür, daß sie ihn damals mitgerissen und ihn, den niederrheinischen Bauern- und Beamtenbuben ernstgenommen haben. »Ohne sie stünde ich heute nicht hier«, sagt Hüsch.

Die Weihnachtsvorstellungen bleiben zunächst auf die Stadt beschränkt. Ihre Form ist ungewöhnlich, aber bald unverwechselbar: Weil oft bis in letzter Minute geschrieben und an den Texten gefeilt wird, bleibt keine Zeit zum Auswendiglernen. Die Textblätter werden wie bei einer Kammermusik-Veranstaltung vom Notenständer abgelesen. »Es war wie ein Oratorium, und wir nannten es auch so: Kritisches Oratorium für Solichor und Reißnagelklavier«, berichtet Hüsch. Er sitzt am alten Klavier, auf dessen Filzhämmer Reißnägel gesetzt sind, und das klingt wie ein Spinett.

Ankündigung des letzten Programms der »Arche nova«.

Der Solokabarettist Hanns Dieter Hüsch in den siebziger Jahren.

Als ein Filmtheaterbesitzer einen Keller anbietet, machen die Studenten ein rot-schwarz-gelb angemaltes Kabarett daraus. Mit kleinen Tischen, bequemen Stühlen und Kerzen, die in Flaschenhälsen stecken. Die neue Adresse, Mittlere Bleiche 8 1/10, wird mit einem neuen Namen verbunden: Von 1956 an verkörpern Hüsch und Bartsch, Heinz Brass, Helga Mummert und Agnes Verena die »Arche Nova«. Und bald schon ziehen sie auch zu Gastspielen nach Frankfurt, Hamburg, München und Berlin aus, wo sie auf sich und auf Mainz aufmerksam machen. »Es hat wieder Sinn, nach Mainz zu fahren«, vermerkt eine Frankfurter Zeitung nach der Premiere von »Die elfte Muse«.

Hüsch und seine Gegen-Figur »Hagenbuch« laden ein.

Gertrude Degenhardt portraitierte den Kabarettisten 1972.

»ZU LERNEN MENSCH UND MASS«

Die Arche trägt die Handschrift von Hanns Dieter Hüsch, sie vertritt ein literarisches Kabarett, direkte Angriffe liegen ihr nicht. Im Arche-Blues formuliert das Ensemble seine Grundstimmung: »Wir fahren die Straßen entlang/In Zeiten, die nicht sicher sind/Flöte und Baum/Trommel und Traum/Sind in unsrem Gesang./Wir sind gekommen Euch zum Spaß/Und gehen hin wo Leides ist/Und lernen Freude und wo beides ist/Zu lernen Mensch und Maß.«

Die Zeiten haben sich geändert seit den Tagen, als nach Kriegsende auf harten Stühlen ein Publikum saß, das politisch denken und poetisch hören wollte: »Auf die Kanonen/pfeif ich/Nach den Dornenkronen/greif ich/Um die Schmerzen unserer Stunden/Mit Geduld zu überrunden/Wir sind alle nicht so wichtig/Hängen all an einem Härchen/Und was falsch ist ist auch richtig/Denn der Mensch ist nur ein Märchen.«

Nun gibt es neue Ansprüche, das Kabarett wird mit Sekt und Abendkleid gesellschaftsfähig. Die »Arche Nova« vermerkt es genau und legt dem hochkommenden Wohlstandsbürger diese Worte in den Mund: »Wie frech doch diese jungen Leute sind, aber wir lassen uns gerne durch den Kakao ziehen, solange sie von uns abhängig sind.«

Aber die »Arche«-Kabarettisten lassen sich nicht vereinnahmen und sie nehmen es hin, wenn sich an manchen Abenden nur neun oder elf Zuhörer einfinden. Die Einnahmen werden redlich geteilt, und jeder Akteur geht mit 1,50 Mark nach Hause, um dort an neuen Texten und Ideen zu arbeiten: Hanns Dieter Hüsch kommentiert heutzutage diese Zustandsbeschreibung mit den Worten »Herrliche Zeiten«.

In klaren, kämpferischen Worten hatte er sich damals für ein anderes, ein Anti-Kabarett,

eingesetzt: »Wir wünschen uns ein äußerst ironisches Kabarett, ein von allen falschen Geistern verlassenes Kabarett, ein Kabarett mit einer Staccato-Poesie, die uns kein Politiker nachmacht. Wir wollen überhaupt nicht mehr von den Herren der Welt reden, denn wir haben nur noch Zeit zu leben. Sehr schnell zu leben.«

In seinen zwölf Arche-Thesen schreibt das Ensemble seine Gebote nieder: »Bonn und Politiker höchstens einmal erwähnen«, heißt es da und: »Lokale Pointen sind uninteressant«, ganz am Schluß steht: »Einzige Aktualität: Der Mensch.« Das war die frühe Absage an ein Kabarett, wie es sich die »Arche Nova« eben nicht vorstellte: »Jede Szene eine halbe Oper. Jedes zehnte Wort: Adenauer. Arme Poesie. Armes Kabarett«, lautet Hüschs Überzeugung schon damals.

Mit der Restauration alter Verhältnisse geht die kabarettistische Resignation einher. Im Arche-Volkslied singen sie 1961: »Es ist spät in Europa/Es ist spät in der Welt/Und die Leute in Europa/Die zählen ihr Geld…«, daran hat sich wenig geändert, Hüsch hat sich dennoch nicht von seinem Weg abbringen lassen.

Bei der Silvestersitzung 1958/59 wird der »Arche Nova« im Namen der Stadt als Anerkennung die Arche-Glocke überreicht, und auch außerhalb der Stadtgrenzen merkt man auf, wenn von ihr die Rede ist. Als »Widerstandsnest gegen die Trägheit des Herzens« wird ihr gehuldigt, und der Mainzer Kritiker Werner Hanfgarn, der noch bei den »Tolleranten« mitgewirkt hatte, hält fest, daß die innere Emigration der Bundesrepublik bei Hüsch Station mache. Nach den dreistündigen Auftritten sieht er – aber nur im Kellertheater – »gewaltige Wirkungen«: minutenlangen Beifall und zuletzt Getrampel.

Applaus gibt es bald nicht nur in Mainz. Die Arche treibt es weg vom sicheren heimischen Hafen. 1958 gastiert sie zum ersten Mal in Basel. In Roland Rassers »Theatre Fauteuil« werden sie stürmisch gefeiert. Der Theologe Karl Barth kommt in jedes Programm, und den Sträflingen der städtischen Strafanstalt geben sie mehrere Sondergastspiele.

Der Schweizer Zeichner Jürgen von Tomei beschreibt, wie das war, als Hanns Dieter Hüsch als immerhin erster ausländischer Gast der Nachkriegszeit im Fauteuil aufgenommen wird – zu einem Zeitpunkt, als es noch riskant war, in der Schweiz deutsch zu sprechen. Zunächst seien die Stuhlreihen halbleer gewesen. »Dann begannen sie sich von Tag zu Tag zu füllen, mit staunend faszinierten Schweizern. Am Ende gab es für das Baseler Publikum den Geheimtip ›Hüsch‹, den guten Deutschen aus Mainz mit dem rotem Pullover – die Ausnahme, die die Regel bestätigte«, vermerkt der Beobachter. Zu den »Weihnachtsmännern« seien sie geströmt wie zur Frühmesse.

Eine Torte zum 18. Geburtstag des unterhauses 1984.

»AUF EIN BELESENES PUBLIKUM ZUGESCHNITTEN«

Die besondere Verbindung zur Schweiz blieb – auch als Hüsch sich um 1968 herum hierzulande mißverstanden fühlte, trat er dort noch auf. 1978 resümiert der Schweizer Freund von Tomei: »Rätselhafterweise haben wir eins schon früh erkannt und zu schätzen gewußt: nämlich die Qualitäten von Hanns Dieter Hüsch.« Nach einer Vorstellung im altehrwürdigen Schweizer Cabaretlokal »Hirschen« fällt in einer großen Zeitung gar der denkwürdige Satz: »Zürich hat sein Cabaret.« Die Arche reist immer weiter. Mit Deutschlands ältestem Volkswagen fährt das Quintett gen Süden nach Triest, Mailand und Rom. Es machte im eigenen Land Station in Trude Kolmans »Kleiner Freiheit« in München, bei den Berliner Stachelschweinen, im Renitenztheater Stuttgart. In der Weltstadt Hamburg wurden sie für ihre »hübschesten Pointen« gelobt, die »auf ein belesenes Publikum zugeschnitten seien, wie es in Mainz vielleicht zahlreicher sei als am Hamburger Neuen Wall«. Die Künstler aus der Provinz waren so wenig provinziell, daß die Kritiker weniger an ihnen als am Publikum Kritik üben.

»Die Welt« urteilt über ihr »metaphysisch zündendes Kabarett«: »Wir sind überzeugt, daß ein Kabarett auf diesem Niveau niemals ein so breites Publikum finden wird wie ein landläufiges, mit aktuellen Späßchen gespicktes. Aber das Publikum, das es gewinnt, gewinnt es für immer.«

Zwischen den Reisen gab es immer wieder die Rückkehr nach Mainz – auch um den alten Freunden wieder zu begegnen. Diese üben Kritik, die Hüsch auf der Bühne über Jahrzehnte begleiten wird: Es fehlen die aktuellen Bezüge, monieren sie. Die »Arche Nova« macht ihr letztes Programm, »Von Musen und Menschen«, und wird mißverstanden. 1962 hört das Ensemble, aus dem zwei Jahre vorher schon Rudolf Jürgen Bartsch und Agnes Verena ausgestiegen waren, auf.

Für den Entschluß spielt es eine Rolle, daß dem Kabarett sein Kellertheater aufgekündigt worden war, und auch die Stadt nichts tut, der Arche ihren Ruhe- und Mittelpunkt in Mainz zu erhalten. Bitter kommentiert Hüsch damals das Auseinandergehen der Kabarettisten im Hinblick auf Mainz: »Es ist bestimmt eine zu verwindende Einbuße, denn die ›Mainzer Hofsänger‹ stehen hier höher im Kurs.«

In der Stadt seiner Anfänge bleibt das unterhaus mit seinen beiden Bühnen, wo Hüsch immer und zuerst auftreten will. Hier wird der Deutsche Kleinkunstpreis alljährlich vergeben, den Hüsch zweimal erhalten hat. Und hier ist das Deutsche Kabarettarchiv zu Hause: Der Name Hanns Dieter Hüsch füllt 13 dicke Ordner, dazu kommt die Geschichte der Tolleranten, der Kammerspiele, der Arche Nova. Hüsch hat Kabarettgeschichte gemacht, Mainz bewahrt sie auf und hält sie – allen Schwierigkeiten zum Trotz – lebendig.

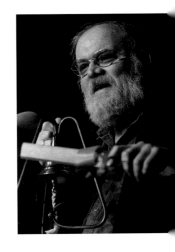

Hüsch überreicht die Glocke zum Deutschen Kleinkunstpreis 1984.

Hüsch moderiert die Verleihung des Kleinkunstpreises 1982.

Ach wie lieb ich diese Stadt
Die so viel gesehen hat
Brand und Pest und Kriege
Wo ich meine Ruhe fand
Und am Saum des Flusses stand
Meines Kindes Wiege.

Kam als Fremdling scheu daher
Hatte es am Anfang schwer
Alles zu verstehen
Komm ich heute übern Rhein
Will mir ohne Heiligenschein
Schier das Herz aufgehen.

Ach wie lieb ich diese Stadt
Die im Schmerz das Lachen hat
Niemals nicht verloren
Die in ihre Arme nahm
Römer und Franzosenkram
Narren hat geboren.

Und die Hügel ringsumher
Als käm Sanftmut grad daher
Das Blaue und die Blüte
Machen mir mein Auge froh
Meiner Frauwe ebenso
Heilen das Gemüte.

Ach wie lieb ich diese Stadt
Die mich aufgenommen hat
Mich und meinesgleichen
Hohes Lied und Herzeleid
Trunkene Barmherzigkeit
In des Kreuzes Zeichen.

Soll mit aller Welt vergehn
Wenn die Herrn es nicht verstehn
Frieden auszustreuen
Hoffen daß es bald geschieht
Daß die Welt den Frieden sieht
Ach wie lieb ich diese Stadt
Will mich mit ihr freuen.

»HÜSCH WAR IMMER DABEI«

DER KABARETTIST ALS LYRIKER: LOBREDE EINES FREUNDES – VON RUDOLF JÜRGEN BARTSCH

Das war schon eine mittlere Aufregung, als eines Dezembertages vor 40 Jahren und 7 Wochen die Nachricht auf dem Forum der Johannes Gutenberg-Universität in Mainz einander weitergesagt wurde: Zuckmayer kommt. Um mit uns Studierenden zu diskutieren. Was wußten wir bis Kriegsende von ihm? Nichts. Freilich nach 45 dann, als der »Hauptmann« wieder auf die Bühne kam und vor allem »Des Teufels General« von sich reden machte, da änderte sich das schnell. Und so waren wir gemeinsam nach Frankfurt zur deutschen Erstaufführung dieses Stücks gefahren, sahen im Börsensaal in Hilperts Inszenierung Martin Held, Otto Rouvel, Julia Costa und waren begeistert. Und Hüsch war immer dabei.

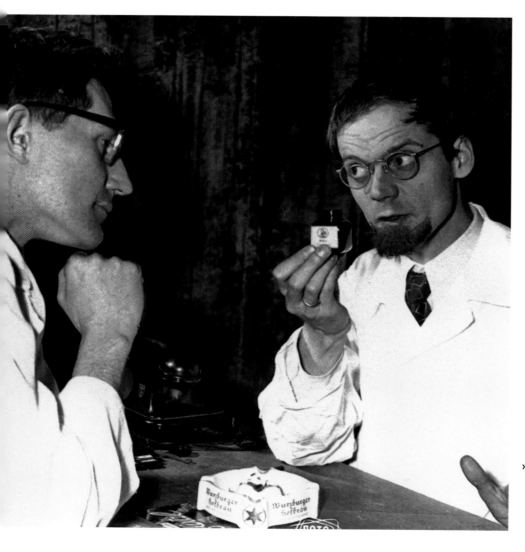

»Kennen Sie die Milchstraße«, 1957. Mit Bartsch als Arzt (links) und Hüsch als Patient.

So auch bei der Diskussion in der übervollen Aula. Für uns: eine Lehrstunde in Demokratie. Da saß ein verjagter Schriftsteller und ließ sich geduldig in rüdester Weise attackieren, ging auf jede noch so krude Frage ein, als wüßte er – vielleicht eingedenk seiner eigenen Studentenerfahrung nach dem Ersten Weltkrieg in Heidelberg – genau zu unterscheiden: Was ist selbstgerecht, was noch oder wieder gestrig, was nur ratlos.

Jahrzehnte später haben die Mainzer Freunde um Hüsch zum 500. Geburtstag ihrer Alma mater einen Almanach gemacht, in dem nur die 46er Studenten der ersten Stunde zu Wort kommen sollten, keine Professoren. Die Ausnahmen: zwei emigrierte Schriftsteller. Der Wiederabdruck der Döblin-Reportage von der Eröffnungsfeier 1946 und ein Rückblick von Zuckmayer auf die Aula-Veranstaltung.

Indes: Aus Saas-Fee kam von der Sekretärin eine Absage. Es sei unmöglich, der Meister fühle sich nicht wohl. Peter Schneider, der Universitäts-Präsident, schrieb. Ich bat erneut, führte Frau Herdan-Zuckmayer ins Feld, die wir einmal als Autorin zu uns eingeladen hatten, und wir hatten Erfolg. Der Beitrag Zuckmayers, des Ehrenbürgers der Universität, gehörte zu seinen letzten Arbeiten. Vier Monate später ging die Nachricht von seinem Tod um die Welt. »Daß dieser Abend« – so schloß Zuckmayer – »doch einen verhältnismäßig harmonischen Ausklang fand, war der überwältigenden Mehrheit jener deutschen Nachkriegsjugend zu danken, die guten Willens war.«

Und Hüsch war immer dabei. Auch als die Freunde mit der Uraufführung von Kafkas »Gruftwächter«, dem dramatischen Fragment, das Zimmertheater im Mainzer Haus am Dom eröffneten und er die Titelrolle spielte, und wir mit Kafkas Stück als erstes deutsches Schauspielensemble nach dem Krieg nach Paris eingeladen wurden. Unser Freund Elmar Tophoven und Alfred Grosser, den ich in seinem Domizil im Nerotal aufsuchte, hatten dazu die helfende Hand gereicht.

Nach zwei, drei Spielzeiten bekamen wir dann vom rheinland-pfälzischen Kultusministerium eine Subvention von 500 Mark. Nein, nicht pro Monat – für ein Jahr! Daß wir diesen Zuschuß erst nach einigen Lehrjahren bekamen, fanden wir übrigens damals durchaus normal. Die Anspruchsgesellschaft war zum Glück noch nicht erfunden.

Nun, ich weiß: Vieles ist heute anders als damals. Auf beiden Seiten. So wäre es heute unvorstellbar, daß auf einen angekündigten Heine-Abend hin im Kultusministerium erstaunt gefragt wird: »Wie? Hüsch und Bartsch machen einen Heine-Abend? Sind die etwa rot?«

Hier war nun einleitend bisher hinreichend viel von »wir« die Rede. Ich glaubte einfach (in einem Alter, in dem man vielleicht mehr konjunktivisch spricht), davon kurz reden zu sollen, wie etwas begann. Von jener Zeit, von der wir herkommen und von der an so etwas dauert wie diese – wie man nun sagen kann – lebenslange Freundschaft.

Aber, so höre ich fragen, ist es nicht schon schlimm genug, daß – wie bei Politikern und Talkgesellen fast täglich zu registrieren – Eigenlob grassiert? Müssen nun auch noch Freunde einander belobigen?

Da antworte ich in allem Freimut: Wie denn anders? Und wer sonst? Und zwar deshalb, weil ein Leben lang zwischen ihnen, hin- und herüber, auch Korrektur, Kritik und Replik, Spruch und Widerspruch selbstverständlich waren, es wäre denn keine Freundschaft. Indes: Ich habe mich vergewissert und zu diesem Zweck »Des Teufels Wörterbuch« zu Rate gezogen, das Ambrose Bierce 1911 als Buch erscheinen ließ, nachdem einzelne Artikel in loser Folge durch vier Jahrzehnte hin in Zeitschriften publiziert worden waren. Und da lese ich unter dem Stichwort Lobrede: »Art intellektuellen Nebels, durch den die Vorzüge des Objekts der Rede dem Auge als um ein Vielfaches vergrößert erscheinen.«

Was konnte mir nun noch bei diesem meinem späten Debut als Lobredner passieren? Der Ehrenbürger der Johannes Gutenberg-Universität Hanns Dieter Hüsch ist überdies Ehrungen gewöhnt. Außerdem hat er selbst präzise Parodien auf Reden jedweder Art geschrieben (und diese – durchschossen mit Hagenbuch-Prosodien – in einem seiner Bücher drucken lassen).

Meine Damen und Herren, das geht bis heute, seit 100 Jahren, durch alle Epochen: Unter dem Wort »Kabarett« verstand und versteht jeder etwas anderes. Dies ist nun nicht der Ort, einer Begriffserhellung mit Hilfe einer geborgten diogenesken Laterne der Weisheit zuzuarbeiten. Am einfachsten wäre noch eine Definition ex negativo. Da blieben dann schon mal eine ganze Reihe von Namen, Schulen, Richtungen auf der Strecke, fielen durch den Rost. Nein. Wenn *wir* von Kabarett sprechen, dann meinen wir Hüschs Kabarett. Es ist anders als alle anderen. Wie anders, darüber wird jetzt zu reden sein.

Hüschs geistiger Urahn ist in meinen Augen Johann Christian Günther, der Schlesier, der 27jährig 1723 starb, 6 Jahre vor Lessings Geburt. Und der – von einer kurzen Phase im Sturm und Drang abgesehen – erst von den Dichtern des Expressionismus in seiner wahren Bedeutung erkannt worden ist, jenen Liechtenstein, van Hoddis, Benn, Heym bis hin zu Brecht, von jenen also, die Hüsch wiederholt und mit Nachdruck als seine eigentlichen Vorbilder genannt hat.

Verbannt, vergessen eure Lieder und Gedichte
Doch euer Herz ist immer in mir wach
Ich folge euren Spuren nach
Und zieh den Traum durch die Geschichte.

Daß Günther auch das Wort »Trauer-Arbeit« in die deutsche Literatur eingeführt hat, diesen Fund verdanke ich dem Schmökern in einer alten Günther-Ausgabe. Da ist sein Heimatstädtchen Striegau abgebrannt. Doch alte Freunde wollen heiraten. Ein Hochzeits-Carmen muß her, das dem Unglück gerecht wird, das Glück indessen bejubelt.

Die Zukunft mach es wahr. Vor diesmal schiebt die Lust
Die Trauer-Arbeit auf, und steckt die volle Brust
Mit anderm Zunder an, als jene Flammen waren,
Worinnen Haus und Hof und Güter aufgefahren!

Ich denke, daß das Einhören in einen bestimmten Ton Günthers – als Ausdruck eines bei Villon (dank Ammer), bei Klabund, Brecht, Weyrauch, Kramer, Hüsch und Biermann wiederzuerkennenden Stilwillens – die Abschweifung entschuldigt.

Und sollte nicht auch seelenverwandtschaftlich Bellman, der alte Schwede, in diese Reihe gestellt werden dürfen, dem der Patron des Preises, dem Carl Zuckmayer in seinem »Ulla Winblad«-Stück als dramatische Figur zum Auftritt verhalf? Und warum nicht auch Zuckmayer selbst mit seinem balladesken Gedicht »An die Rotweinflecken auf dem Tischtuch in einem französischen Restaurant«? Von 1936.

Ich sehe euch mit ernster Freude an
Und schieb den Teller weg, der euch verdeckt.

Mein erster Schluck dem unbekannten Mann,
Dem es vor mir an diesem Tisch geschmeckt!

Hüschs Gedicht mit dem bezeichnenden Titel »Fahrender Schüler« beginnt so:

Es ist aufgezeichnet, daß er manches Haus betrat
Und zugegen war in vielen Städten
Die ihn auch behalten hätten
Doch er war kein Mann der Tat.

Meine Damen und Herren, Sie hören es an diesen Beispielen: »Langsam stellen sich die Formen ein und damit der Inhalt.« Dieser Satz von Hanns Dieter Hüsch aus dem Programm »Und sie bewegt mich doch« wird für mich zum Schlüsselsatz für seine lyrische Schriftstellerei, eine (wenn die Tautologie erlaubt ist) Prämisse a posteriori, die poetologisch seine Schreib-Arbeit grundiert und sie so schon im Ansatz von allem unterscheidet, was sich derzeit in dieser Sparte verlautbart.

Erst die Form, dann der Inhalt, so bewußt verkürzt und formelhaft das auch sein mag: Es stellt eine einzige Absage dar an jedwede Art von journalistischem Schnellschuß-Kabarett: passiert – glossiert – vergessen! Oder mit den Worten Karl Günter Simons: »Andere machen Verse fürs Kabarett, Hüsch dagegen macht Kabarett für seine Verse.« Und wenn ich heute vornehmlich über den Lyriker Hüsch spreche, dann sollte ich wenigstens kurz erwähnen, daß Hüsch, wenn ich es richtig sehe, der erste war, der Episches ins deutsche literarische Kabarett eingeführt hat. Für seine Geschichten schuf er die Kunstfiguren Frieda, Hagenbuch und die niederrheinischen Atrops und Kobolde. (Kunstfiguren also wie Palmström, Keuner oder der Herr Cogito des polnischen Lyrikers Zbigniew Herbert.)

Natürlich sind in seiner lyrischen Produktion – schon an der Staffage erkennbar – auch sogenannte Zeitgedichte: der Zeit *ver*bunden, nicht zeit*ge*bunden. Denn immer entzieht sich das lyrische Subjekt der planen Aussage; Platz machend für Träume, Hoffnungen, Zweifel, Wünsche auch, Entwürfe, Ängste, Sehnsüchte, Utopien. Sein Gedicht mit dem Titel »Utopie« beginnt so:

Ich seh ein Land mit neuen Bäumen
Ich seh ein Haus aus grünem Strauch
Und einen Fluß mit flinken Fischen
Und einen Himmel aus Hortensien seh ich auch.

In Hüschs Bemühen, voraus zu sehen und zu schreiben – denken Sie an das ganz frühe Kunstmärchen »Terra«! – und nicht immer nur den Ereignissen hinterher zu hinken, um dann verbal abhaken zu können nach Art der »Bühnenschwindler, Aufklärungskasper, Berufshumanisten« (alles Hüschs Wörter), in diesem seinem Bemühen werden für mich drei Aspekte seines lyrischen Œuvres facettenartig erkennbar.

Das Beim-Namen-Nennen der Dinge. Um sie, in Sprache gebannt, kritisch auszustellen und somit zu entdämonisieren. Hüsch hat oft erzählt, wie er als Kind von einzelnen Wörtern fasziniert war. Exotische Ortschaften wie Gaugamela etwa. Ich weiß nicht, ob – wie für mich – das Ladenschildwort »Kolonialwaren« auch dazu gehört hat, das dem Kind den Charme fremder Erdteile evozierte. So erfand er sich vor 40 Jahren in Versen für Kinder jeden Alters ein Wort wie »Steigestund«. Oder wie es am Ende einer Moritat heißt:

Rex Lex Klecks
Joe auf den Index
Moral der Geschicht:
Moritate Moritute
Moritöte niemand nicht.

Der Weg von Sprachspielen zur Sprachkritik, mag er noch so lustvoll mäandern wollen, führt schnurstracks zur Kultur- und Gesellschaftskritik. Zur Kritik am Kultur*betrieb* vor allem und zur Demaskierung des »bürgerlichen Heldenlebens«. Das ist auch bei anderen Autoren abgehbar. Hüsch indessen geht weiter: Er bezieht die *Kabarett*kritik mit ein, macht vor seinem eigenen Metier nicht halt, stellt es nicht auf den Sockel, läßt Schutzzäune nicht zu. Zu Recht hat er deshalb, als es noch sein Ensemble der »arche nova« gab, von Antikabarett gesprochen. Auch als »Gewissen des Kabaretts« wurden Hüschs Texte apostrophiert.

Zum zweiten das Vergegenwärtigen von Kindheitsträumen und -zeiten durch Beschwörung. Sie wissen schon: der Niederrhein.

Der Himmel hängt tief
Die Wiesen ertrinken
Der Nebel spielt seine Niemandsmusik
Alle Erkenntnis wird auf den Kopf gestellt.
Bauernschlau und naiv
Seh ich mich über die Felder hinken
Der Nebel spielt seine Niemandsmusik
Alle Weisheit mich zum Narren hält.

Oder parallel dazu eine Strophe von Gottfried Benn (wie auf Hüschs Vorwelt gemünzt):

Drei Pappeln an einer Schleuse,
eine Möwe im Flug zum Meer,
das ist der Ebenen Weise,
da kamst du her.

Gert Ueding hat einmal, sich auf Proust berufend, das Gedicht zum Medium der »Mémoire Involuntaire« promoviert, der unwillentlichen Erinnerung. »Weil«, so wörtlich, »es die innere Erfahrung des Subjekts ausdrückt und damit vor dem Vergessen bewahrt.« Und dadurch würde auch *unsere* Aufmerksamkeit – die der Leser oder Hörer – auf die eigenen Erinnerungsfelder gelenkt, die vor lauter Alltagspflichten und -sorgen vom Vergessen überwuchert waren.

Und ich riskiere hier die These, daß unter den großen Lyrikern, so sie sich denn als solche, Kraft der Sprache, ausgewiesen haben, *keiner* ist, der *nicht* die Kindheit beschworen, sie im Hegelschen Verstande »aufgehoben« hat.

Und drittens Spruch und Spruchdichtung. Das didaktisch-moralische Spruchgedicht in der vielfältigen Gestalt von Lied, Rhapsodie, Ballade und Trost-Aria. Vor 35 Jahren schrieb Hüsch dieses Gedicht mit den Anfangsversen:

Wir rüsten uns allein zu sein
Am Anfang und am Ende
Bemühen uns ein Nein zu sein
Im schrillen Sprachgelände
Es kommt die Zeit wo's keine Zeit mehr gibt
Wo sich die Raffinierten unters Fußvolk mengen
Wo man den Himmel mit Raketen siebt
Und an den Bäumen Menschen hängen.

Ein Gedicht aus dem Jahr 1971 beginnt: »Zuletzt sitzt man allein auf einer Bank ... « Und bei Benn hieß es:

Er hatte etwas auf der Bank gelesen
und in der letzten Rosen Grau gesehn,

es waren keine Stämme, Buschwerkwesen,
gelichtet schon von Fall und Untergehn.

Es ist, wie mir scheinen will, jener melancholische Gestus des alten Fontane, der bei Benn wie Hüsch eine legitime geistesverwandtschaftliche Beziehung unterhält, dieses »Eigentlich ist alles soso... « (aus einem Gedicht des alten Fontane, dessen letzter Vers lautet: »Ach, es ist nicht viel dahinter«).

Doch beim Jüngeren – wohl auch angesichts endzeitlicher Bedrohungen – die Skepsis noch stärker betont, also nicht nur ontologisch, sondern vital-biologisch. Seine Absage an die Geschichte ist radikal.

Hüsch: »Gegen die Geschichte – für das Erbarmen!« In diesem Spannungsfeld zwischen Nestroyscher Resignation und franziskanischer Zuversicht, zwischen Geschichtsfinale und versöhnlichem, verkündigungsnahem Zuspruch bewegt sich, wenn ich es richtig sehe, das Hüschsche Denken und Schreiben in seinem siebenten Lebensjahrzehnt. Dem zuzusehen und zuzuhören, ob von nah oder fern, als Fremdling oder Freund, ist allemal aufregend und verspricht Gewinn, Gewinn für – mit Goethe zu sprechen – »ein zweites Leben durch Poesie, und zwar in dem gemeinen wirklichen Leben«, wie Goethe ausdrücklich hinzufügt. (Nicht etwa erst hinterher.)

Ich zweifle nicht daran, daß der Lyriker Hüsch diese Spannung aushält, und nicht etwa den einen Pol dem anderen zuliebe opfert. Er weiß, Handwerker, der er ist, genau, daß zum Beispiel Zuversicht allein – vom lyrischen Subjekt thematisiert – zur puren Erbauung und schieren »Lebenshilfe« schrumpfen würde.

Die Ehre, die Sie heute dem Schriftsteller zuteil werden lassen, ehrt das Andenken an den Namenspatron dieser Auszeichnung und ehrt Sie gleichermaßen. Das ist die rundum schöne und literaturfreundliche Kehrseite der Medaille. Wird doch die Literatur in der sich immer gigantischer ausbreitenden Unterhaltungssteppe zunehmend marginaler. Wenn der Laudator aber zwei Wünsche frei hat (gesetzt der Fall), dann ist es der eine, gerichtet an die Preisvergeber, sie möchten helfen, darüber zu wachen, daß Kultur nicht gänzlich den Animateuren überlassen wird, daß Ablenkungsmanöver, serienweise, nicht noch mehr Platz greifen. Mein zweiter Wunsch, gerichtet an den Preisempfänger: Hanns Dieter Hüsch möge sich von den Medien genügend Raum freischaufeln, um – nicht zuletzt im Hinblick auf seine projektierte Autobiographie – Zeit, mehr Zeit für den Platz an seinem Schreibtisch zu haben, wo auch immer dieser steht. War es doch Karl Barth, der große Theologe (der übrigens keine der Basler arche-nova-Premieren versäumte), der seinem späten Freund Carl Zuckmayer schrieb: »Kennen Sie die hübsche Anekdote von Pablo Casals? Der Mann ist 90 Jahre alt, also erheblich älter als wir beide, und übt immer noch täglich 4 bis 5 Stunden. Gefragt: Wozu? Antwort: Weil ich den Eindruck habe, ich mache Fortschritte!«

Die längste Zeit von Hüschs bisherigem Üben und Leben und Schreiben stand der Schreibtisch in Mainz. Als Reverenz an den genius loci sei deshalb zum Schluß eine Frau zitiert, die mit ihrer Tochter Auguste hier in der Welschnonnengasse »im Rheydtischen Hause«, Georg Forster räumlich und geistig nahe, gelebt hat: vor und während der Zeit der Mainzer Republik.

Jahre danach nun, 1801, am 2. März, einem Montag, schreibt aus Braunschweig Caroline Schlegel (schon auf dem inneren Weg zu Schelling) an August Wilhelm: »O mein Freund, wiederhole es Dir unaufhörlich, wie kurz das Leben ist, und daß nichts so wahrhaft existiert als ein Kunstwerk – Kritik geht unter, leibliche Geschlechter verlöschen, Systeme wechseln, aber: wenn die Welt einmal aufbrennt wie ein Papierschnitzel, so werden die Kunstwerke die letzten lebendigen Funken sein, die in das Haus Gottes gehen – dann erst kommt Finsternis.«

Hüsch steht am Pult,
blickt auf die leeren Stuhlreihen vor sich
und beginnt seine »Vorlesung«:

Ich sage immer
Man sagt ja viel im Leben
Aber ich sage trotzdem immer
Je älter ich werde desto leichter werde ich
Je älter ich werde desto progressiver werde ich
Obwohl mir die Progressiven inzwischen genauso suspekt sind
Wie die Konservativen
Das kommt davon wenn man älter wird
Daß sie mir alle ziemlich suspekt sind
Am suspektesten sind mir die Wichtignehmer
Nicht die Wichtigtuer
Ich bin ja selber einer
Nein die Wichtignehmer das sind mir die Suspektesten
Glauben Sie mir
Je älter ich werde und zwar von Tag zu Tag
Desto suspekter wird mir alles
Je älter ich werde desto leichter werde ich aber auch
Wahrscheinlich weil mir alles suspekt ist
Und dann braucht nur noch jemand zu kommen
Und zu sagen
Und wenn Sie sich jetzt noch – lieber Hüsch – den Bart abnehmen
Sehen Sie gleich zehn Jahre jünger aus

Jaja sage ich
Und wenn ich mir dann noch ein Ohr abnehme
Bin ich gleich wieder vierzehn
Und Sie können mich neu konfirmieren lassen
Obwohl ich zugegeben
Immer noch einen achtzehnjährigen römischen Kaiser
Spielen könnte
Gar keine Frage
Ich weiß nicht ob Sie die Serie gesehen haben
Gar keine Frage
Die Rolle hätte ich gerne gespielt:
Caligula was machst du auf Capri?
Ich besuche unseren Onkel Tiberius
Wirst du ihn ermorden?
Wahrscheinlich Claudius wahrscheinlich
Und was machst du?
Ich schreibe immer noch an der Geschichte Karthagos
Komme nur schlecht voran

Wegen der vielen Elefanten.
Aber es läßt mich ja keiner einen römischen Kaiser spielen
Denn sofort kommt wieder einer und will mir jetzt schon
Den sogenannten Lebensabend in die Wiege legen
Nein ich möchte das nicht!
Ich möchte auch mit der Weisheit noch nichts zu tun haben
Noch nicht!
Das ist mir alles suspekt
Die Weisen sind mir überhaupt zutiefst suspekt
Ebenso die Abgeklärten und Gelassenen
Alle sind mir je älter ich werde äußerst suspekt

Nein, ich möchte mit der Seele eines Hundertjährigen
Und dem Herzen eines Knaben
Immer noch durch Städte rasen
Und eine ganz neue Dialektik erfinden
Aber wetten daß wieder einer daherkommt und sagt
Wenn Sie sich jetzt noch – lieber Hüsch – den Bart abnehmen
Sehen Sie gleich zehn Jahre jünger aus
Jaja sage ich
Und wenn ich mir dann noch die Nase abnehme
Kann ich gleich in den Leib meiner Mutter zurückkehren
So jung bin ich noch nie gewesen
Nein ich möchte diese sogenannten Lebensabende noch nicht
Ich möchte noch eine Menge Unsinn verbreiten
Der liebe Gott läßt mich schon nicht in den Himmel wachsen
Im Gegenteil
Er hat wahrscheinlich schon frühzeitig dafür gesorgt
Daß ich je älter ich werde
Immer leichter und nichts-gedankenstrich-nutziger bin
Und immer über-gedankenstrich-flüssiger werde
So scheint es zu sein
Nein ich weiß es: So ist es
Je älter ich werde.

— Schwenk —
von ihm auf die leeren Stuhlreihen.

ICH BIN VOLLER ZUVERSICHT

Rede zum 22. Januar 1989 anläßlich der
Verleihung der Carl-Zuckmayer-Medaille in Mainz

»Denken Sie doch
Was kann da alles vorgekommen sein in einer alten Familie
Vom Rhein – noch dazu
Vom Rhein
Von der großen Völkermühle
Von der Kelter Europas
Und jetzt stellen Sie sich doch mal Ihre Ahnenreihe vor –
Seit Christi Geburt:
Da war ein römischer Feldhauptmann
Ein schwarzer Kerl braun wie ne reife Olive
Der hat einem blonden Mädchen Latein beigebracht
Und dann kam ein jüdischer Gewürzhändler in die Familie
Das war ein ernster Mann
Der ist noch vor der Heirat Christ geworden und hat die katholische
    Haustradition begründet
Und dann kam ein griechischer Arzt dazu oder ein keltischer Legionär
Ein Graubündner Landsknecht ein schwedischer Reiter
Ein Soldat Napoleons ein desertierter Kosak ein Schwarzwälder Flößer
Ein wandernder Müllerbursch vom Elsaß
Ein dicker Schiffer aus Holland
Ein Magyar ein Pandur ein Offizier aus Wien ein französischer Spieler
    ein böhmischer Musikant –
Das hat alles am Rhein gelebt gerauft gesoffen und gesungen
Und Kinder gezeugt und ...
Und der Goethe der kam aus demselben Topf und der Beethoven
Und der Gutenberg und der Matthias Grünewald und –
Ach was – schau im Lexikon nach
Es waren die Besten mein Lieber die Besten der Welt
Und warum?
Weil sich die Völker dort vermischt haben
Vermischt – wie die Wasser aus Quellen und Bächen und Flüssen
Damit sie zu einem großen lebendigen Strom zusammenrinnen. –
Vom Rhein – das heißt: vom Abendland
Das ist natürlicher Adel
Das ist Rasse.«

**Sagt bekanntlich Zuckmayers Harras in »Des Teufels General« zum
    jungen Hartmann**

Als ich vor Monaten die Nachricht erhielt
Daß man mich mit der Carl-Zuckmayer-Medaille auszeichnen wolle
Thomas Mann sagt, glaube ich: Die Ausgezeichneten, das sind die
    Gezeichneten
War ich nicht wenig überrascht
Aber dann freute ich mich doch sehr
Und war zuguterletzt sogar ein bißchen eitel
Und auch bewegt
Das hängt mit Mainz
Mit meinem Leben in Mainz zusammen, das wissen Sie
Dann war ich aber wieder erstaunt und zuweilen auch skeptisch
Denn ich dachte etwas salopp: Wer mag da dran gedreht haben?
Aber manchmal sagte ich auch für mich so dahin:
Warum nicht?
Why not?
Vielerlei ging mir durch den Kopf
Mischte sich wie immer schon
Parodie Pathos Ironie Melancholie und Gemüt Distanz und Wärme
Und wieder kühles Drüberwegdenken
Wechselten in schnellem Tempo.
Denn dies ist ja meine erste *literarische* Auszeichnung, meine Damen
    und Herren
Obwohl ich ja eigentlich kein Dichter bin sondern ein Texter
Nicht mal ein Schriftsteller schon gar nicht organisiert
Sondern ein schutzloser Schreiber auf eigene Gefahr und eigene
    Verantwortung
Und dann nicht zu übersehen
Meinen exzessiven Hang zum Entertainment
Und manchmal
    wenn ich die Übernachtungsbögen der Hotels ausfüllen muß
Leiste ich mir sogar einen kapriziösen Beruf und schreibe hin:
Artist. Es ist dies alles keine kalkulierte Tiefstapelei
    nicht einmal ein dramaturgischer Trick
Sondern ich möchte nur bei mir bleiben dürfen
Möchte auch darüber hinaus weiterhin umstritten sein

Besonders wenn es um oben und unten links und rechts progressiv
    oder konservativ geht
Deutsche Künstler sind ewige Rechtfertigungskünstler
Und wer sich in die Öffentlichkeit begibt kommt darin um
Habe ich schon oft leichtfertig gesagt. –
Aber zurück zum Wort zur Sprache die ja meine Heimat ist

Die deutsche Sprache ist meine Heimat
Auch die Musik und auch ein bißchen die Bildende Kunst
Nicht zuletzt das Theater, die Bühne, das Spielen, das Erzählen
Das Zeigen, das Kommen und Gehen, das Analytische und das Religiöse.
Es gibt allerdings einen bekannten Verleger der sagte zu mir
Ich kann mit Ihnen lieber Hüsch
Leider kein Buch machen denn man kann Sie nicht lesen
Man muß Sie sehen und hören
Und das stimmt ja auch oft und es muß eben beides zusammenkommen:
Das Schreiben und das Spielen
Und so bin ich denn eigentlich, wenn Sie mögen
Vielleicht ein akustischer Lyriker und ein optischer Komiker
Ich kenne meine Grenzen und Carl Zuckmayer sagt –!
(– Ich denke, jeder der mit dieser Medaille ausgezeichnet wurde
hat vorher noch mal ganz schnell seinen Zuckmayer überflogen
bzw. diagonal durchquert –)
Er sagt: Grenzen, das hat nichts mit Bescheidung oder Bescheidenheit
zu tun. Gebietsgrenzen sind nicht Begrenztheit nach oben. Innerhalb
von Grenzen, die den natürlichen Anlagen eines Talentes entsprechen,
kann alles erreicht werden. Ich begann zu wissen oder zu vermuten,
was ich wollte und sollte und was nicht.
Sagt er.
D. h. für mich – viel simpler ausgedrückt –
Immer wieder darüber nachzudenken was ich kann und was ich nicht kann was ich will und was ich nicht will.
Und inwieweit ich mein Vermögen aber auch mein Unvermögen
Für meine Mitmenschen reichlich aber klug verschwende
Damit wir uns nicht aus den Augen verlieren
Uns an uns lange erinnern und aneinander hängen
Auch wenn wir lange nichts voneinander hören
Muß das sein? Kann man hier fragen
Für mich muß das sein!
Und ich habe das den richtigen Dichtern abgeguckt und abgelauscht
Den Philosophen soweit ich sie verstehen konnte
Bei den Musikern saß ich zwischen den Harmonien
Und die Melodien nahm ich oft mit in den Schlaf
Und die großen Maler sorgen immer noch dafür
Daß ich vor und bei ihnen naiv und staunend stehn bleibe
Um für einen Augenblick zwar die Welt zu vergessen
Aber das Leben zu spüren
Ich möchte mit allem nur sagen:
Ich komme als Kabarettist nicht von den Funktionären den Ideologen
den Leit-Artiklern, den Politikern, den technokratischen Machern,
den pragmatischen Realitätsmeistern her
Ganz unmöglich
Ich war als Junge besetzt und besessen
Von den bizarrsten poetischen Klängen

Von den frühen Expressionisten den Caféhausliteraten
Vor dem Ersten Weltkrieg in Berlin
Unter ihnen einer meiner Lieblingsdichter Alfred Lichtenstein
Der als jüdischer Preuße schon im September 1914 in Frankreich
Für Deutschland fiel
Ich war fasziniert von den Malern der Brücke und des Blauen Reiter
   von den Futuristen und später von den Dadaisten
Und das alles lange bevor ich überhaupt eine Zeile von Kurt Tucholsky
   gelesen hatte
Ich will damit sagen nicht eigentlich die Gesinnung hat mich später auf
   die Bühne getrieben
Antifaschismus und Nie wieder Krieg! Das war selbstverständliche
   Voraussetzung
Sondern es war das Leben selbst: mein Leben
Ich wollte davon erzählen Erlebnisse unterbreiten
Ich wollte mit meinen Freunden öffentlich nachdenken
Und das mit unterhaltenden Mitteln und zwar
Damit es uns leichter fällt Schweres zu sagen
Damit es uns leichter ums Herz wird
Und das auf die Dauer mit feinstem Handwerkszeug
Und es waren auch weiterhin die großen Dichter
   mit denen ich meine kleinen Gedanken
   austauschte und wer vielleicht von meiner politischen Religion
   erfahren möchte
Kann das bei Bert Brecht nachlesen da steht geschrieben:
Wollt nicht in Zorn verfallen
Denn alle Kreatur braucht Hilf – von allen!
Aber es gab auch den anderen Meister
Gewissermaßen das Gegenstück zu Brecht: Gottfried Benn
Und dort las ich: Sterben heißt, dies alles ungelöst verlassen.
Und das ging nun so vor sich:
Montags hatte ich meinen Brecht im Kopf und dienstags meinen Benn
Mittwochs wieder meinen Brecht und donnerstags wieder meinen Benn
So ein Hin und Her ist ja bei uns gar nicht so sehr beliebt
Hier muß man sich ja immer für *einen* entscheiden
Und zwar sofort!
Aber ich wollte das nicht
Ich wollte eigentlich nie etwas Programmatisches
Zuckmayer übrigens wohl auch nicht, denn er schreibt:
Ich wollte nichts Programmatisches, ich wollte an die Natur heran, ans
Leben und an die Wahrheit, ohne mich von den Forderungen des Tages,
vom brennenden Stoff meiner Zeit zu entfernen.
Mit Verlaub: Ähnlich wie bei mir, wenn ich das mal als Kabarettist
   eigenmächtig hinterher sagen darf
Aber es waren ja nicht nur Brecht und Benn
Es waren auch immer wieder ganz schillernde Einzelgänger
Wie der walisische Trinker und Poet Dylan Thomas.
So wie sein »Unter dem Milchwald« möchte ich immer nochmal ein
   niederrheinisches Stimmen-Oratorium schreiben

oder Edgar Lee Masters mit seinem Gedichtband »Die Toten von
   Spoon River«
oder in den letzten Jahren Thomas Bernhard, der in seinem Roman
   »Verstörung« schreibt:
Die Welt ist tatsächlich, wie schon so oft gesagt, eine Probebühne, auf
der ununterbrochen geprobt wird. Es ist, wo wir auch hinschauen, ein
ununterbrochenes Redenlernen und Gehenlernen und Denkenlernen
und Auswendiglernen, Betrügenlernen, Sterbenlernen, Totseinlernen,
was unsere Zeit in Anspruch nimmt. Die Menschen nichts als Schauspieler, die uns etwas vormachen, das uns bekannt ist.
Darüber nun nicht bitter zu werden,
möchte *ich* fortfahren, ist *meine*
eigentliche Aufgabe, glaube ich
Was meinen Sie?
Ich weiß im Augenblick nicht,
wie ich alles in die richtige Reihenfolge bringen soll.
Ich habe »100 Jahre Einsamkeit« von Garçia Marquez gelesen
Und »Die Liebe in den Zeiten der Cholera«
Zuckmayer schrieb: Vergiß nicht wie Brot schmeckt, vergiß nicht, wie
Wein mundet in den Stunden, in denen du hungrig und durstig bist.
Vergiß nicht die Macht Deiner Träume. Gebt nicht auf, Kameraden!
Diesen Aufruf zum Leben, als Flugblatt verfaßt, schrieb er, als er von
Stefan Zweigs Selbstmord in Brasilien hörte, als die Verzweiflung
vieler Emigranten ihn durch Briefe erreichte. Er war nicht bereit zu
resignieren und verlangte von sich zu überleben.
Er sagt: Nur das liebende Verhalten, die Andacht zum Unbedeutenden,
zu der Goethe und die Brüder Grimm sich bekannten, sonst nichts –
gibt uns die Hoffnung aus Verwirrung, Chaos, Isolation, Mißverständnis, Gruppenhaß, Massenangst, Kriegswillen, Zerstörungssucht und
Todbesessenheit herauszufinden.
Ich zitiere ihn natürlich hier und heute morgen so, wie es mir in den
Kram paßt, meine Damen und Herren, aber gibt es Schöneres als bei
einem großen Dichter Passagen zu entdecken, die so voll und ganz mit
den eigenen Gedanken übereinstimmen. Ich habe das bislang nicht
gewußt.
Natürlich hab ich auch meine Bibel gelesen und meine Lieblingsstelle
entdeckt, Korinther 1,13: Und wenn ihr mit Engelszungen redetet, und
hättet der Liebe nicht, **und so weiter**
Und wenn ich vielleicht hie und da mal ein Dichter bin, wenn ich
Glück habe, gut, dann denke ich immer, das hast du nicht geschrieben.
Aber durch diese Bibelstelle bin ich über alle Pessimismen, über viele
Ungereimtheiten und Widerstände, Ängste und Enttäuschungen
hinweggekommen und habe meiner Arbeit gerade in den letzten
Jahren, einen realen wirklichen Sinn geben können, nämlich vielleicht
ganz allmählich, genauer gesagt sehr sanft, »Feinde in Freunde zu
verwandeln«, ohne Vorleistung. Ich kann mir das leisten.
Und für meine weiteren Jahre auch als Kabarettist –
Oder gerade als ein solcher
der immer das Kabarett in die Nähe von Literatur zu bringen suchte,

ohne gleich Literatur zu sein –
für meine weiteren Jahre den Menschen Mut zu machen
Hoffnung zu geben Versöhnung zu provozieren.
Hoffnung auf eine vorhandene, wahrhafte Harmonie, eine verborgene
Kraft und Schönheit in und hinter den Dingen, auf die wir zuleben
dürfen, und zu der wir uns mit unserem Gefühl und unserem Verstand
hinwenden können. Wozu wäre sonst die Gabe, das Medium, die
Zaubermacht der Fantasie verliehen? sagt Carl Zuckmayer
Ich wage es, mich auch hier dem Dichter anzuschließen, in einer Zeit,
in der nichts so sehr verachtet wird wie die Fantasie, in der poetische
Überlegungen und Entwürfe kaum zu Wort kommen können, weil sie
zunächst mal auf ihre Einschaltquotenkapazität überprüft werden, in
der alle Utopien gleich als unrealistisches Wolkenkuckucksgefasel
abgetan werden, wo ein Aufeinanderzugehen gleich als Schwäche
ausgelegt wird, obwohl es eigentlich Stärke bedeutet, sonst würde
wohl niemand sagen können: Er hat eine Schwäche für den Frieden.
Ja, diese sogenannten Schwachen, die Lebenden sollten mehr respektiert werden, unsere Politiker sollten ab und zu mehr auf ihre Poeten
hören, so schlecht meinen wir es mit ihnen gar nicht. Konkret: An dem
augenblicklichen milden Klima zwischen Ost und West zum Beispiel
haben alle friedfertigen Menschen, die guten Willens sind mitgearbeitet, auch die Poeten und Kabarettisten, und das schon seit Jahrzehnten.
Wir haben nicht das Geschäft mit der Angst geschürt, wie gesagt
wurde und wird, sondern Dialog für Dialog kritisch begleitet,
manchmal auch angriffig, das sollten die Regierenden aber einmal
überdenken, mehr verlangen wir Schwachen ja schon gar nicht mehr,

und um vollends alle Reste von Zorn und alle Spuren von Wut in mir
zu sublimieren, bitte ich noch darum das Wort *dennoch* in Zukunft
vielleicht weniger zu verwenden:
Wenn der Frieden längst ein Greis ist
Und die Fahne aller Menschen nur noch weiß ist
Und die Friedenstaube keine Ente
Rupert Scholz ist auch schon lang in Rente
Alle Menschen Zivilisten und die Friedenspfeife rauchen
Weil sie keinen Feind mehr brauchen
Und der Osten mit dem Westen
Auf dem langen Marsch zum Besten
Was der Mensch sich antun kann
Nämlich Freundschaft und Versöhnung, dann
Dann kommt immer einer bei uns um die Ecke

Hebt den Zeigefinger warnend
Und erklärt:
Dennoch sollten wir Deutschen das Gefühl der Bedrohungangst
Nicht verlieren
Weiter auf der Hut sein
Und nicht jedem Russen übern Weg trauen
Nun
Das finde ich allmählich – mit Verlaub auch an diesem schönen
   Sonntagmorgen – zum Kotzen

Dennoch bin und bleib ich voller Zuversicht
Ich sage dies nicht, weil hier heute morgen ein CDU-Ministerpräsident
vor mir sitzt, worüber ich mich sehr freue, weil es in all den Jahren
selten bis gar nicht vorkam,
ich sag dies auch nicht aus einem blinden Optimismus, sondern ich
meine einfach, daß wir älteren Herrschaften noch ein bißchen zeigen
sollten, was in uns steckt, was wir gelernt haben, was wir erfahren
mußten, was wir erlebt haben und daß wir die jungen Menschen in den
Stunden der Trauer, der Niedergeschlagenheit, des nicht mehr
Weiterwissens und des Nichtmehrweiterwollens an die Hand nehmen
und mit ihnen über Gott und die Welt, Himmel und Erde und über
Leben und Tod sprechen.
Dazu gehören Geduld und Zärtlichkeit, politisches Fühlen und
poetisches Denken, Handwerk und Heiterkeit, Utopie und Wille zur
Wirklichkeit, zuhören können und ausreden lassen, größte Nachsicht
und tiefster Respekt vor anderen Meinungen, alles das, was man
politische, d. h. für mich demokratische Kultur nennt, und wovon in
den letzten 40 Jahren auf allen Seiten so gut wie nichts übrig geblieben ist.
Das heißt für mich vor allem auch:
Auf Menschen zugehen und sagen:
Ich bin für Dich und nicht gegen Dich.
Auch als Kabarettist. Gerade deshalb und gerade heute. Und morgen
auch noch. Denn jeder braucht jeden. Wenn es auch mit der Gleichheit,
der Freiheit und der Brüderlichkeit nach 200 Jahren immer noch sehr
hapert, keiner kann ohne den anderen auskommen, existieren, und
ganz vordergründig:
Ich kann ohne meinen Bäcker nicht leben, denn ich brauche das Brot,
das er macht. Er kann zwar ohne mich leben, denn er braucht meine
Gedichte nicht, oder vielleicht manchmal doch, aber einen Schuster
braucht er für seine Füße, denn Schuhe kann er ja nicht machen, und
der Schuster braucht wieder den Schneider für seinen Leib, und der
Schneider braucht wieder Brot und Schuhe, und vielleicht auch
Gedichte für seine Seele. Das sind natürlich einfache Geschichten, und
manche machen ja Brot und Schuhe auch selbst, soll sein, soll sein,
aber wenn wir jetzt so weitermachen, kommen die anderen, *wir*
anderen auch alle dran, bis zum Lokomotivführer und Sparkassendi-
rektor, bis zum Friseur und Universitätsprofessor, denn jeder kann
einfach nicht alles können. Ein Metzger kann Wurst und Fleisch
machen, aber keine Philharmoniker dirigieren, und wenn, dann macht

er das vielleicht bei »Wetten, daß ... ?«, und macht den Leuten damit Freude. Ich vermute, daß Leonhard Bernstein keine Zähne ziehen kann, dafür kann ein Zahnarzt meistens kein Ballettmeister sein, zumindest nicht gleichzeitig.

Natürlich gibt es große oder kleine Geister, die drei, vier Sachen auf einmal können, aber immer kommt jeder von uns an eine Grenze, wo es nicht weitergeht, und wo der andere einspringen und helfen muß. Oder möchten Sie Physiker und gleichzeitig bei der Müllabfuhr sein, sehen Sie, aber der Straßenfeger wird auch gebraucht, auch die Zeitungsfrau genauso wie der berühmte Thoraxchirurg, der Kranführer oder die Marktfrau, der Ungebildete braucht den Gebildeten, und umgekehrt, und zwar wenn der Gebildete mal fünfe gerade sein lassen möchte. Jeder braucht jeden, den Gärtner genau wie den Politiker, egal ob er nun gut oder weniger gut ist. Ich mache ja manchmal auch schlechte Gedichte, selbst die werden gebraucht, weil es viele nicht merken.

Was wir nicht brauchen, das sind Arrogante, Hochmütige, Eingebildete, die immer noch meinen, nur sie alleine würden dringend gebraucht.

Genau da hören für mich Freiheit, Gleichheit, Brüderlichkeit auf. Ich brauche mein Publikum, meine Freunde, und ich glaube, Sie brauchen mich manchmal auch ein wenig.

Wie am Anfang gesagt:
Als mich die Nachricht erreichte (wie immer unterwegs)
Daß man mich mit der Carl-Zuckmayer-Medaille auszeichnen wolle
War ich nicht wenig überrascht
Dann freute ich mich aber
War sogar ein bißchen eitel
Und bewegt
Dann wieder erstaunt und skeptisch
Aber dann sagte ich mir: Warum nicht.

Das Fest ist jetzt zu Ende.
Unsere Spieler, wie ich Euch sagte, waren Geister
Und sind aufgelöst in Luft, in dünne Luft.
Wie dieses Scheines lockrer Bau
So werden die wolkenhohen Türme, die Paläste,
Die hehren Tempel, selbst der große Ball,
Ja, was daran nur teil hat, untergehn,
Und, wie dies leere Schaugepräng erblaßt,
Spurlos verschwinden.
Wir sind solcher Stoff wie der zu Träumen,
Unser kleines Leben umfaßt ein Schlaf. –
Ich bin gereizt, Herr
Habt Geduld mit mir. Mein alter Kopf ist schwindlicht.
Seid wegen meiner Schwäche nicht besorgt.
William Shakespeare.

Ich danke Ihnen.

Zwei Bauern
Drei Mägde
Ein Reiter am Horizont
Ein Kirchturm im Nebel
Ein Bote aus Wien
Vier Herren in Seide
Zwei Städte am Fluß
Ein Atlas aus Pergament
Ein Baum der die Nachricht kennt

Drei Wagen
Sechs Pferde
Der Mond und der Sündenfall
Himmel und Erde
Und Tauben im Weltenall:

Und dann die Gebiete
Südlich von Rom
Und dann die Gebiete
Westlich des Rheins

Ein Mönch und ein Kaiser
Ein Dorf und ein Dom
Gründung auf Gründung
Palermo und Mainz

Die Wälder in Flammen
Hügel und Heide
Schmilzen zusammen
Leiden und Freude
Ein Hund und zehn Katzen
Und sieben Gehöfte
Ein Helm und ein Schädel
Ein Schiff wird gefunden

Ein Tuch wird gesponnen
Ein Buch wird geschrieben
Ein Spiel wird gewonnen
Ein Volk wird vertrieben
Ein Kind aus Apulien
Fährt nach Jerusalem:

Dann Kreuzzug auf Kreuzzug
Der Papst läßt marschieren
Säufer und Sänger
Pilger und Planer
Franz von Assisi spricht mit den Tieren
Zisterzienser
Und Dominikaner

Die Taube im Norden
Der Falke im Süden
Alles verschieden
Alles verschieden
Der Acker im Frühjahr
Die Wölfe im Winter
Die Wolken zerrinnen
Zwei Humanisten
Ein Boot auf dem Fluß
Verliert sich im Dunkel
Alles verliert sich
Im Dunkel des Todes:

Auch die Gebiete
Südlich von Rom
Und auch die Gebiete
Westlich des Rheins
Ein Mönch und ein Kaiser
Ein Dorf und ein Dom
Gründung auf Gründung
Palermo und Mainz.

ES SIND IMMER NEUE GESCHICHTEN UNTERWEGS

»ABSCHIED VON EINER STADT« – EIN FILM ÜBER HANNS DIETER HÜSCH

Das Schiff ist schon da. Menschenleer. Die Tische an Bord sind poliert, und die Stühle stehen ordentlich nebeneinander. Dort, wo sich sonst Geburtstagsgesellschaften auf 120 Sitzplätzen breitmachen und wo für 1 500 Mark am Tag Betriebsfeste lautstark gefeiert werden, ist jetzt nichts als das leise Tuckern des Motors zu hören. Sanft fällt spätes Oktoberlicht durch die fast blattlosen Bäume, die das Rheinufer säumen. Unwirklich weiß ist das Schiff, Traumschiff, ein Narrenschiff.

Am Kai Hanns Dieter Hüsch. Er sitzt auf seinen Koffern, bereit, Abschied zu nehmen. Er selbst hat das weiße Schiff bestellt. Lange sieht er auf das Fließen des Stromes, das ihn mit sich nehmen wird. In seinem Rücken die Stadt. Eine »mütterliche Freundin« hat er Mainz genannt, »streng und weich« wie seine tote Frau.

Jetzt zieht es ihn fort von diesem Ort, der ihn 42 Jahre lang beherbergt hat. Im Herbst 1988 verläßt Hanns Dieter Hüsch Mainz, um sich ein Stück rheinabwärts in Köln niederzulassen.

Daher das weiße Schiff. Hüsch geht über einen schwankenden Steg und betritt es behutsamen Schrittes. Die Leinen werden gelöst, und mit Schwung fährt das Schiff an, beschreibt einen großen Bogen und entfernt sich eilends, als bliebe dem einsamen Passagier nicht viel Zeit.

Bewegungslos, als schwarze Galionsfigur steht er allein an der Reling. Er blick unverwandt vorwärts, Domgebirge, Rathaus und Schloß bleiben zurück. »Es hält mich alles und darum gehe ich«: Der Abschied des Kabarettisten Hanns Dieter Hüsch in dieser Aschermittwochs-stimmung des späten Jahres bedeutet auch Stehvermögen. Er hält dem Wind, der ihm entgegenweht, stand.

Die Szene hat so stattgefunden und doch ist sie nur eine der Wirklichkeit entliehene Fiktion: Sie ist Teil eines Fernsehfilmes, der entstand, als Hüsch sein Mainzer Haus bereits verkauft hatte und der Abschied von seiner Wahlheimat bereits unwiderruflich geworden war. Er selbst hatte sich diesen Film gewünscht, und das Zweite Deutsche Fernsehen, gleichfalls und unverrückbar in Mainz daheim, ging auf den Vorschlag gerne ein. Hüsch schrieb die Texte selbst – sie sind zur Hommage an eine geliebte Stadt geworden, aber sie enthalten auch eine Ermunterung, immer wieder aufzubrechen, neue Geschichten zu wagen.

Voller Poesie sind die Verse und Gedanken-stücke, die Hanns Dieter Hüsch im Film selbst sprach oder, begleitet von der Orgel, vortrug. In der Stadtschreiber-Reihe der ZDF-Matinee-Redaktion wurde der Film am 18. Dezember 1988 gesendet.

»DIE ERSTE KLAPPE FÄLLT«

Einen liebevollen Abschied wollte man ihm bereiten, sagt Regisseur Wolfgang F. Henschel beim ersten Zusammentreffen des Fernsehteams auf dem Universitätscampus – dort, wo für den jungen Hüsch alles begonnen hatte. Pünktlich fährt Hüsch vor einem der alten Gebäude vor, seine Tochter bringt ihn. Sie packt mit ihrer Familie auch schon die Koffer, wird den Vater rheinabwärts begleiten. Hanns Dieter Hüsch sagt: »Ich bin schon länger weg von Mainz«, lacht und fügt hinzu: »Eigentlich bin ich nie da gewesen.«

Im alten Hörsaal besprechen er und der Regisseur die Abfolge der ersten Aufnahmen, während Techniker Kabel zwischen den hölzernen Pulten ausrollen und Scheinwerfer einrichten. Dennoch ist die Atmosphäre gelöst. Henschel und Hüsch kennen sich gut und lange. 20 Jahre ist es her, seitdem sie zum ersten Mal zusammengearbeitet haben. »Ich wohne in München«, erzählt Regisseur Henschel, »weil wir beide aber zum fahrenden Volk gehören, treffen wir uns überall.«

Die erste Klappe fällt. Die Kamera ist auf eine große grüne Tafel gerichtet, vor welcher Hüsch steht und weiße Kreide in seiner Hand hüpfen läßt. Vergnügt wie ein Schuljunge malt er zwei Worte hin: DAS ALTER. Hüsch kümmert es nicht: »Je älter ich werde, desto leichter werde ich«, spricht er seinen Text und weiter: »Je älter ich werde, desto suspekter wird mir alles.«

Nein, mit Weisheit, mit Abgeklärtsein hat dieser philosophische Clown, der seine »dummen Phantasien« bis heute nicht preisgibt, nichts zu tun. Lebensabend ist ihm ein schreckliches Wort. Und Zeit hat er dafür auch nicht. Nicht einmal, um mit dem Enkel auf dem

Spielplatz Sandburgen zu bauen. Aber, er weiß um sein Alter und auch, daß Älterwerden manches relativiert. Er sei heiterer geworden, gesteht er und lächelt fein, als er sagt: »Ich werde immer kindlicher.« Weil er aber, wie alle, gerne 20 Jahre jünger wäre, will er die Jahre nutzen. Auch deshalb zieht es ihn fort. »Ich will schöne Zeiten mit anderen Menschen, mit Freunden erleben«, erklärt Hüsch, dessen Wort die Zuversicht ist, nicht mehr Pessimismus, aber auch nicht Optimismus. Der Glauben hat ihm bei der Begriffswahl, hinter der eine Lebenseinstellung steht, geholfen.

Die Dreharbeiten zu »Abschied von einer Stadt« gehen im 2000 Jahre alten Mainzer Dom weiter. Hüsch schreitet summend durch das Portal. Mit seinem langen, schwarzen Mantel und den beiden dunklen Ledertaschen könnte er für einen Priester gehalten werden. »Aber ich bin doch ein Priester«, bekennt er ironisch. Er sei Christ, wenn auch kein praktizierender, sagt er und wendet sich sofort gegen eine Kirche, die Moralanstalt zu sein beansprucht.

»Für mich steht nicht Moral, sondern die Liebe oben«, sagt Hüsch und gibt damit eine Erklärung, warum sein Kabarett anders ist: »Ich glaube«, hat er in den 60er Jahren geschrieben, »man muß die bösesten Sachen so sagen und bringen, daß bei allem Sarkasmus noch die Liebe und das Verständnis zum Menschen mit all seinen Verrücktheiten und Schwächen, vielleicht auch seinen Rohheiten und Grobheiten und Grausamkeiten, spürbar ist.« Sein Glaube ist der an die Menschlichkeit. Er liebe diejenigen, die er verspottet – diese Charakterisierung seiner Person und seiner Arbeit ist ihm die liebste.

Vor dem Dom ist Markttag. Hanns Dieter Hüsch bahnt sich und dem Kameramann, der ihm folgt, einen Weg vorbei an beladenen Gemüseständen und Hausfrauen mit vollgepackten Körben. Das Einkaufengehen ist ihm nicht fremd – auf vielen Gängen hat er als typischer »Mitgeher«, wie er sich nennt, seine Frau Marianne früher begleitet.

In den Drehpausen erzählt er von seiner Teilnahme am Kauf neuer Kleider oder Kühlschränke. Überdies sei er ein »Küchenmensch«. Einer, der es liebt, sich beim Kartoffelschälen über Philosophie zu unterhalten. Nur gekocht habe er nie, denn: »So frankophil bin ich nicht.«

»DAS ALTE HEIM IST GEWICHTSLOS GEWORDEN«

Die Mainzer Küche gibt es jetzt nicht mehr. Zwischen 1955 und 1971 hatte das junge Ehepaar Hüsch für sich und die kleine Tochter eine Dreizimmerwohnung in der Kaiserstraße gemietet – bis die zuerst 125 Mark teure Miete so hoch kletterte, daß es sich zum Bau eines Reihenhauses entschloß. In der Bretzenheimer Bebelstraße steht das Haus mit dem flachen Dach und dem bürgerlichen Anstrich; 17 Jahre lang bewohnten es die Hüschs, jetzt ist die Spitzengardine vom Küchenfenster heruntergenommen, neue Hauseigentümer sind eingezogen.

Bei einem Besuch dort vor einigen Jahren hatte Hanns Dieter Hüsch nicht nur sich vorgestellt, sondern, mit den Worten: »Das sind meine Hobbys« auch die vierbeinigen Hausgenossen: Liese, die Sanfte, Benny, der Jüngste, Sarah, die Gefährliche, Paule, das Rosenohr, Griesgram, der Graue und – von anderer Art – Julchen, die schwarze Zottelhündin mit dem großen Streichelbedürfnis.

Sieben Vierbeiner gehörten damals zum Haushalt, wo neben dem geblümten Ohrensessel mit Spitzendecke ein mannshoher Katzenhöhlenbaum stand. Auch über dem Eßplatz mit den Bugholzstühlen ein Hinweis auf die Lieblinge der Familie: Im ovalen Rahmen das Portrait einer Katzenschönheit.

Den Tieren zuliebe und weil das Hausgrundstück an eine verkehrsreiche Straße grenzt, war der struppige Garten mit dem Mini-Teich in der Mitte von einer Zinne aus durchsichtigem Plexiglas eingefaßt – nur selten fand eine Katze den Weg hinüber (und wurde dann, wenn nötig, per Zeitungsanzeige gesucht).

Die verbliebenen Tiere haben den Umzug nach Köln mitgemacht, der zwei Jahre nach dem Tod von Marianne Hüsch stattfand. Das alte Zuhause sei durch diesen Abschied von der Lebensgefährtin gewichtslos geworden, sagt Hüsch. »Wir nehmen alles mit. Bücher und Betten, Kinder und Tiere.« Hinter den entschiedenen Worten ist Traurigkeit zu spüren. »Unsere Liese ist 17 Jahre alt, es wird schwer werden für sie«, äußerte Hüsch vor dem Umzug und meinte eine der Katzen.

»Die Zeit in Mainz war wohl meine beste Zeit«: Dieses Bekenntnis wiederholt sich unausgesprochen an vielen Orten der Stadt, wo die eine oder andere Filmszene aufgenommen wird: In der Kapuzinerstraße am Rand der Altstadt, auf dem kleinen Spielplatz am Hollagäßchen, in den gesichtslosen Fußgängerzonen mit den Nachkriegsbauten und hoch oben auf einem Hochhaus mit Blick über die Dächer. Hanns Dieter Hüsch setzt dieser überwältigenden Erinnerungsflut einen schwerelosen Satz entgegen: »Ich will es noch einmal wagen.«

»Es sind immer neue Geschichten unterwegs«, sagt der Mann, der sich so jung fühlt wie nie und nach einer »zweiten Geschichte, einem zweiten Leben« verlangt. Im Film ist es eine Stimme – es könnte die seiner Frau sein –, welche versucht, ihn zu halten. Ihre Stimme kommt vor Probeaufnahmen vom Kassettenrecorder. Sie fragt den Darsteller nach seinem Woher und Wohin, und er antwortet ihr einmal trotzig, einmal besänftigend. »Ich bin da zu Hause, wo die Menschen sind, die ich liebe«, sagt er und tröstet sich und die Zurückbleibenden, er ziehe ja nur von einem Dom zum anderen. »Ich bin da zu Hause, wo die Menschen sind, die ich liebe«, ist eine Erklärung, der sich nichts entgegenhalten läßt.

Mainz wird ihn vermissen, die Stadt, deren kabarettistisches Gesicht er mitgestaltet hat, aber Hüsch hat versprochen, wiederzukommen. Und in diesem Frühjahr war er schon da – beim Open-Ohr-Festival der jungen Leute dabei, komisch und klug und so jung wie lange nicht mehr: »Wir können uns nichts aussuchen, nicht einmal den eigenen Vornamen«, ließ er das Publikum auf der Wiese wissen und empfahl hochzufliegen, um ein einziges Mal die Erde ohne sich zu sehen.

In seinem Gedicht »Mainz 87« behandelt er die Stadt seines Abschieds mit Zärtlichkeit: »Mein altes Mainz/Ganz klein und heimlich sollst du sein/In meiner krausen Seele/Ganz nah und warm in meinem kranken Wanderbein«, heißt es dort. Er spüre schon jetzt, sagte Hüsch noch vor dem endgültigen Aufbruch, wie aus der Ferne die Verbindung zu Mainz intensiver werde, Köln habe dagegen noch kein Gewicht.

»EIN FAHRENDER KÜNSTLER«

Köln bedeutet auch ein Näherrücken an Hüschs erste Heimat, den Niederrhein, dessen Bier und Schnaps er stets dem Wein rheinhessischer Lagen vorzog. Und – Hanns Dieter Hüsch gehörte nie zu denen, die stets daheim sitzen. Sein Beruf als Kabarettist treibt ihn umher, hat ihn zum fahrenden Künstler gemacht – einen Zustand, den er nötig hat.

Auch der Ablauf der Dreharbeiten ist von der Unruhe dieses Lebens geprägt. ZDF-Redakteur Norbert Mitschka, der es, wie alle im Team, als Glück empfindet, mit Hüsch zu arbeiten, sorgt sich deshalb um den Autor und Hauptdarsteller des Fernsehfilms. »Hüsch ist sehr gefragt«, berichtet er, und es sei schwer gewesen, zehn freie Drehtage mit ihm zu finden.

Während der ersten dieser Tage ist der Kabarettist jeden Abend an einem anderen Ort. Stuttgart, Emmerich, Rödermark – Städtenamen, die im Gespräch fallen. Hier und überall geht Hüsch seinem Beruf nach, reist mit der Bahn an, tritt auf, übernachtet im Hotel. Das war in seinen Mainzer Jahren nicht anders als heute.

Selbst die Arbeit am Schreibtisch geschieht überwiegend in der Anonymität von Hotelzimmern. Eine seiner Hagenbuchgeschichten, erzählte er einmal, sei ihm in zwei Wartestunden in der Bahnhofsgaststätte von Worms eingefallen. Das Außerordentliche und zugleich Unverbindliche zieht ihn an, wenn er schreibt und dichtet. Am geeignetsten sei ein D-Zug-Abteil, weil dort durch die Fortbewegung die Loslösung von Zeit und Raum möglich werde.

Hüsch zitiert Bertold Brechts Satz »Das Leben muß dicht besetzt sein« und erzählt von Tagesplänen, die morgens um vier Uhr beginnen und im Schein des neuen Tages enden. Aber das Reisen, die Tourneen vom Norden in den Süden der Republik, das Zusammentreffen mit Bekannten und immer neuen Menschen ist ihm ein Bedürfnis. Er braucht das Zigeunerleben.

Wenn Hüsch morgens zu den Dreharbeiten in Mainz mit einem Zug anreist, pünktlich zur ersten Aufnahme, ist er zwar ein wenig müde, aber unverzagt. Die Verbindung von Phantasie und Ökonomie ist Teil seiner Lebensauffassung, die Zähigkeit verlangt: »Ich schaffe das«, erklärt er, »ich habe es gelernt, als es darum ging, die Pfennige zu verdienen.« Immer neu lotet der Kabarettist, der mit seiner Kunst eine Familie ernährte, die eigenen Grenzen aus.

Mit Genugtuung läßt er einen Tag Revue passieren: »Heute bin ich um sechs Uhr aufgestanden, habe im Zug eine Glosse geschrieben, nach der Ankunft in Mainz beim Südwestfunk den Text aufgenommen, und jetzt bin ich hier.« Es ist gerade zehn Uhr morgens. Bis zum späten Nachmittag wird Hüsch vor der Kamera stehen und dann einen anderen Zug besteigen, der ihn zum Bühnenauftritt in einer weiteren Stadt führen wird.

Hanns Dieter Hüsch kokettiert mit der Anstrengung, wenn er fragt: »Was soll ich abends anderes tun als spielen?« Lange schon will er weniger tun. Rundum neue Programme werde es nicht geben, wiederholt er seit Jahren. Aber neue Stücke, Gedichte, Lieder, Kompositionen, Gedanken und Einsichten entstehen trotzdem. »Ich bin jetzt dabei, meine Vorstellungen sehr heiter zu machen«, erläutert er und fügt, ihren Gehalt betreffend, an: »Ich kann der Geschichte nicht helfen.«

Im Jahr 1954 hatte ein Kritiker über den jungen Kabarettisten Hüsch geurteilt: »Er ist jung, radikal und bitter.« Mehr als 30 Jahre später schmeckt Hüsch diese Bitterkeit noch immer, auch die Radikalität ist noch da. Im Gegensatz zu früher habe sich die gesellschaftspolitische allerdings in eine philosophische Radikalität verwandelt. Sein Nachdenken über die Menschen und sich selbst schließt Zuversicht und Gelassenheit ein. Im Lied vom runden Tisch hat Hüsch sein Prinzip Hoffnung für immer festgeschrieben: »Gott, wieviel Jahre wünsch' ich mir schon/einen alten großen runden Tisch/an dem alle/und die verschiedensten Menschen sitzen/und einer davon ist der Hüsch.«

»MENSCHEN ZUSAMMENBRINGEN«

Auf der Bühne sitzt Hanns Dieter Hüsch erhöht und doch unter Menschen. Er bringt sich mit und unterm Arm hundert beschriebene Seiten, das Programm. Die Orgel ist schon da. Ihre Klänge werden seine Texte gliedern helfen und den Sprechgesang leise untermalen.

So wichtig wie die Musik sind für das Verstehen dieser manchmal endlosen und scheinbar ohne Punkt und Komma geschriebenen Gedanken-Spaziergänge seine Hände. Sie sind fein, beinahe zart und mit langen, schmalen Fingern ausgestattet. Das Schwierige wird faßbar, das Entfernte rückt nahe, wenn Hüsch danach greift. Während der Kabarettist zum Publikum spricht, dirigieren es seine Hände. Vogelgleich flattern sie umher und stoßen zu, wenn sie ein Wort, einen Einfall herauspicken wollen. Sie verlangen Recht, und sie können so hart auf das Pult schlagen, daß die Zuhörer auffahren. Dann wieder ruhen sie in vollkommener Leichtigkeit – aufgestützt sind nur die Fingerspitzen – auf der Unterlage. Auch seinen beredten Händen verdankt es Hanns Dieter Hüsch, daß er große Säle mit nichts als sich und seiner Sicht der Welt zu füllen vermag. Mit einer umfassenden Geste vermag er zusammenzubringen, was sonst auseinanderfiele, Gespräche über den Gartenzaun und ein Exkurs über die menschliche Moral.

Das Zusammenbringen von Menschen an einem Tisch oder in einem Saal ist Sinn seines Tuns. Denn was hätte er sein wollen, wenn nicht Dichter, Liedermacher, Schauspieler, Kabarettist? »Schreiner oder Diplomat«, lautet seine Antwort. Das Zusammenführen von Menschen mit Tricks, wie Diplomaten sie beherrschen, reizt ihn. Raffinement, Strategie und List möchte er anwenden für eine gute Sache.

Auf der Bühne ist es deshalb sein Wunsch, Menschen behutsam – und hier liegt die Betonung – umzustimmen. Das große

Verändern sei nicht mehr sein Ziel, wohl aber die nicht endende Suche nach Menschlichkeit. »Ich war radikal in der Formulierung, aber niemals im Barrikadenton«, beschreibt er seinen Weg, der ihn in den Jahren des Umbruchs, um 1968 herum, seinem Publikum eine Zeitlang entfernte. Er hat es wiedergefunden, und es sind viele junge Leute, die in die Kellertheater und in die Säle zu ihm kommen.

Und es gibt noch anderen Lohn für seine Unermüdlichkeit. Hüsch hat erfahren, daß er Zuhörer erreichen kann, auf ganz persönlicher Ebene. »Ich weiß, daß ich den Menschen ein bißchen Mut mitgeben kann«, sagt er und verweist auf Briefe und den Dank Fremder.

Einmal habe ihm eine Frau geschrieben, sie habe nach dem Hören seiner Texte ihre Ehe retten können. Hüsch freut sich darüber, er kann sich einfühlen in ein fremdes Schicksal. Überdies habe er, der seine eigene Ehe als »schwirig, aber glücklich« charakterisiert hat, einen Faible für lang dauernde Ehen, für das »Durch-dick-und-dünn« zweier Menschen.

Während auf den Domplätzen eine Filmszene vorbereitet wird, kommt eine junge Frau mit einer eigens ausgesuchten Karte und der Bitte um ein Autogramm auf Hüsch zu. Sie hat ihn erkannt – genau wie eine Besuchergruppe aus der DDR, die sich hochbeglückt über das zufällige Zusammentreffen zeigt und den Sendetermin des Films notiert. Als Hüsch vor der Silhouette des Domes an der Orgel ein Lied anstimmt, ärgert sich eine Passantin, daß er – ohne Lautsprecher – so schlecht zu hören ist. Auch einen ältere Dame schaut einige Minuten zu. Sie kenne den Hüsch schon lange von Programmen, gleich nach dem Krieg, erzählt sie. Als sie erfährt, daß er die Stadt verlassen wird, meint sie nur: »Es gibt immer Veränderung.«

Evtl. neben der alten Druckerpresse sitzt Hüsch
und liest von Pergamentpapier:

> Hagenbuch
> Hat jetzt zugegeben
> Daß er vor wenigen Tagen damit begonnen habe
> Sich zu verabschieden
> Um sich allerlei Kummer
> Und einige Mühsal zu ersparen
> Habe er die Stadt in Quartiere eingeteilt
> Und sei dann von außen nach innen vorgegangen
> So daß er jetzt schon erklären könne
> Daß er den Stadtrand schon hinter sich gebracht
> Es sei auch alles viel leichter und schneller gegangen
> Als er sich das Verabschieden immer vorgestellt habe
> Menschen die er nicht angetroffen
> Habe er einen Zettel unter die Tür geschoben
> Mit den Worten:
> Danke und viel Glück
> Oder er habe über die Nachbarn schöne Grüße bestellt
> Menschen die zwar die Tür geöffnet
> Sich aber dann nicht mit ihm einlassen wollten
> Habe er Gesundheit und Ausdauer gewünscht
> Den meisten aber
> Habe er noch einmal die Hand geben können
> Dabei habe er jedesmal
> Wohl über die hunderttausendmal gesagt
> Es war schön Sie zu treffen
> Sie haben mir sehr geholfen

Und du kannst dir nicht vorstellen
Daß du eines Tages wieder zurück möchtest
Daß dich deine Erinnerungen verfolgen

Ich werde mir neue Erinnerungen verschaffen

Daß dich deine Erinnerungen einholen und zurückholen

Ich werde mir ganz neue Erlebnisse aufladen
Gute und schlechte
Und mir ganz neue Erinnerungen verschaffen

Gute und schlechte

Ich muß jetzt gehen

Ja natürlich
Mit einem weißen Schiff

Und du kannst dir nicht vorstellen
Daß du eines Tages wieder zurück möchtest
Daß dich deine Erinnerungen verfolgen

Ich werde mir neue Erinnerungen verschaffen

Daß dich deine Erinnerungen einholen und zurückholen

Ich werde mir ganz neue Erlebnisse aufladen
Gute und schlechte
Und mir ganz neue Erinnerungen verschaffen

Gute und schlechte

Ich muß jetzt gehen

Ja natürlich
Mit einem weißen Schiff

Texte:
Hanns Dieter Hüsch
Stefanie Mittenzwei (Seiten 6/7, 18-25, 58-65)
Jürgen Bartsch (Seiten 30-37)

Wir danken Reinhard Hippen und dem
Deutschen Kabarett-Archiv für die Unterstützung
Der Abdruck der Frieda-Texte Seite 6-13 erfolgte mit
freundlicher Genehmigung des Arche-Verlages, Zürich
Der Text auf der Umschlagrückseite mit freundlicher
Genehmigung des Verlages Rogner + Bernhard, Hamburg
Alle Texte von Hanns Dieter Hüsch sind dem
Drehbuch »Abschied von einer Stadt«
entnommen, das in vollem Umfang in dem Buch
»Protokolle der Phantasie – Fernsehtagebücher
zur ZDF-Stadtschreiber-Matinee« der
TR-Verlagsunion, München 1989, abgedruckt ist

Idee und Redaktion:
Stefanie Mittenzwei und Bernd Weisbrod

Gestaltung:
Petra Zimmer

Fotos:
Bernd Weisbrod, mit Ausnahme von
Seite 16 links: Klaus Hennch
Seite 17 links: Heinz Heinicke
Seite 20 oben: Klaus Krause
Seite 21 unten, Seite 30: Wolf und von Schweinitz

Duplex-Reproduktionen:
Saase & Heller Reprotechnik, Ingelheim

Herstellung:
Universitätsdruckerei und Verlag H. Schmidt GmbH, Mainz

Papier:
Inhalt: 150 g/qm Phoeno matt von Scheufelen
Umschlag: 250 g/qm Chromolux vario

Schrift:
8p Avenir 45 und 12p Sabon halbfett von Linotype

© 1989 Verlag H. Schmidt, Mainz, und bei den Autoren
Alle Rechte vorbehalten
ISBN 3-87439-199-X

CIP-Titelaufnahme der Deutschen Bibliothek:
Hüsch, Und fordere mich nochmal zum Tanz:
ein literarisch-fotografisches Portrait / von Stefanie
Mittenzwei u. Bernd Weisbrod. [Text Hanns Dieter
Hüsch ...]. – Mainz: Schmidt, 1989
ISBN 3-87439-199-X
NE: Hüsch, Hanns Dieter [Mitverf.]; Mittenzwei, Stefanie
[Mitverf.]; Weisbrod, Bernd [Ill.]; Und fordere mich
nochmal zum Tanz